AVENTURIER DE LA VIE

Les tribulations d'un explorateur français

Rémi Camus

AVENTURIER DE LA VIE

Les tribulations d'un explorateur français

Robert Laffont

ISBN : 978-2-221-25444-8
Dépôt légal : février 2022
Éditions Robert Laffont – 92, avenue de France 75013 Paris

Préface

S'aventurer, oser, partir à l'aventure... Ça se décide. C'est bien différent du fait de choisir. Choisir, c'est utiliser sa raison, la partie rationnelle de son cerveau, pour peser le pour et le contre et *in fine* arriver à la conclusion du meilleur résultat, qui s'avère être *le* bon choix.

Décider, au contraire, c'est prendre de vitesse son cerveau rationnel, conscient et analytique au profit d'une intuition, du sens, d'un projet, et au-delà, d'une raison d'être. Décider, c'est sauter dans le vide malgré les peurs, les doutes, les angoisses qui peuvent nous traverser, pour obtenir cette récompense ultime : une décharge hormonale incroyable qui permet à l'aventurier de se sentir pleinement vivant...

Ce moment précis est la vraie quête de l'aventurier. C'est un moment suspendu entre le jour et la nuit, entre l'inspiration et l'expiration, un moment d'apnée, de silence, où la vie et la mort se rencontrent parfois...

Une question revient souvent : « Pourquoi ? » Pourquoi partir à l'aventure ? Pourquoi faire le tour de France à la nage ? Pourquoi rester pendant deux heures et trente-cinq minutes dans des glaçons ? Pourquoi nager entre Calvi et Monaco en autonomie ?

Nous autres, aventuriers, nous nous posons rarement la question, et quand bien même nous nous la posons, il n'est vraiment pas facile de donner une réponse sincère car l'être humain cherche, en veut toujours plus, et se ment souvent à lui-même...

Dans le cerveau humain, il y a une structure qu'on appelle le striatum, il intervient dans le circuit de la récompense, un vrai « shoot de cocaïne naturelle » qui ne s'active que lorsque les stimulations sont supérieures à ce qui est attendu. C'est à cause de cette structure héritée depuis des millions d'années que l'être humain est poussé au « toujours plus », répondant ainsi à ses besoins primaires : se nourrir, se reproduire et élever son rang social.

Toujours plus de conquêtes, toujours plus d'explorations, toujours plus de nourriture, de boisson ou encore de cadeaux de Noël, jusqu'à en avoir la nausée. Pour un triste résultat : plus de personnes obèses sur Terre que de personnes qui meurent de faim, une planète épuisée en ressources naturelles où la surconsommation de fast-food prévaut sur le produit de terroir.

Alors, après la question du pourquoi, il y a la question du renoncement. Quand faut-il arrêter ? Quand faut-il renoncer ? À l'aventure coûte que coûte, à la décharge incontrôlée de notre striatum, aux boursouflures de nos egos se gavant d'exploits, de médailles ou de passages à la télévision...

Les neurosciences actuelles nous montrent un chemin : celui d'aimer faire plaisir à l'autre à l'instar de Matthieu Ricard et de son amour altruiste ou de Mère Teresa et de sa dévotion. On sait désormais que le circuit de la récompense s'active également lorsque nous nous mettons humblement et de manière authentique au service des autres. S'aventurer prend alors une autre dimension, l'aventure devient un partage sincère.

Rémi est une personne simple et vraie. Ce que j'apprécie particulièrement chez lui, c'est sa capacité à rester lui-même en toutes circonstances. C'est dans cette dynamique de partage et d'amour altruiste que le livre que vous tenez entre vos mains a été écrit, et c'est ce qui fait toute sa force et son authenticité. Au fil des pages, vous partez à la rencontre de ce petit garçon qui aimait faire des cabanes dans les bois, qui devient un être passionné et engagé pour les causes qui lui tiennent à cœur. Loin des clichés « bobos » et « écolos », il s'agit d'une rencontre entre un homme et sa vie. Une rencontre entre un homme et ses rêves, où les sacrifices consentis ont été le prix de ses réussites.

Avec le recul, le mot qui me vient à l'esprit est « partage ». Un partage simple et direct pour inspirer votre vie au quotidien. Car il n'y a pas de champions ou de héros. Il y a juste des gens qui osent, qui s'entraînent et répètent leur routine d'entraînement pour rendre possible leur impossible.

Alors, lecteur, bonne inspiration avec Rémi, bonne introspection avec toi-même, et j'ai hâte de voir de quelle manière tu vas mettre tout cela en action dans ta vie...

Romain Vandendorpe
neuroscientifique, conférencier,
détenteur du record du monde
d'immersion dans la glace

Introduction

Je suis né le 17 juillet 1985 et j'ai passé toute ma jeunesse dans la commune du Subdray, au beau milieu du département du Cher. La maison de mes parents était située dans une petite rue qui s'appelle la Margelle. On y trouvait neuf maisons et trente-cinq habitants. La campagne berrichonne dans toute sa splendeur. J'ai donc vécu dans cette petite ferme que mon père et ma mère avaient rachetée et retapée eux-mêmes, aidés par les cousins, mais aussi par les frères de ma mère, qui était alors caissière dans un hypermarché Major avant de devenir nounou. Mon père, lui, était à l'époque ingénieur sur commandes numériques. Il réalisait des pièces précises sur des machines types. Le décor est planté : rien ne me prédestinait à la vie que j'ai choisie il y a un peu plus de dix ans.

En 2010, alors que j'avais décroché, plusieurs mois auparavant, un travail plutôt sympa – maître d'hôtel dans un restaurant étoilé proche de la frontière suisse –, ma vie a basculé en une nuit. Un moment gravé à jamais dans ma mémoire et que je dois indirectement à ma mère. Lors de vacances sur la côte bretonne, elle a réussi à me traîner dans une « foire à tout ». Un exploit quand on connaît mon aversion pour ce genre de manifestation. J'ai accepté de la suivre sans trop de conviction, pour lui faire plaisir. Alors que je la cherchais parmi les milliers de personnes agglutinées dans les rues de la ville, je suis tombé sur l'étal d'une jeune femme qui vendait des livres. Bizarrement, mon regard s'est fixé sur un ouvrage. Sur la couverture, il était écrit : *Au cœur des Amériques. De l'Alaska à Ushuaïa, 24 000 kilomètres en courant*, de Jamel Balhi. Ce seul titre attisait ma curiosité. Un ouvrage que j'ai acheté pour pas grand-chose et qui allait faire long feu, puisque, le soir même, une fois le dîner englouti, je suis monté dans ma chambre et je l'ai dévoré en une nuit. Le lendemain matin, avec zéro heure de sommeil au compteur, je suis descendu prendre mon petit déjeuner. « Est-ce que tu as bien dormi ? m'a demandé ma mère.

– Quasiment pas. J'ai lu le livre que j'ai acheté hier. Et tu sais quoi ? Je veux faire la même chose que cet homme. Je vais devenir aventurier explorateur. »

Une réponse plutôt originale et gonflée. Je ne savais pas encore que ces quelques mots allaient se concrétiser.

J'ai vécu ma jeunesse à la campagne, donc tous les jours dehors. Je me souviens de mes parents qui me disaient de ne pas rester enfermé et m'encourageaient à sortir, seul ou avec des amis. Nos passetemps à l'époque, c'était de faire les quatre cents coups et de fabriquer des cabanes dans les arbres.

Une véritable passion qui m'a peut-être donné le virus de la nature, et surtout de la survie en milieu hostile. Les prémices de cette envie féroce de partir à l'aventure, d'aller découvrir des horizons nouveaux et, si possible, sauvages. Bien sûr, la campagne du Cher n'a rien de commun avec le désert australien ou les rives exotiques du Mékong, mais j'aime à imaginer que, d'une certaine manière, j'y ai fait mes premières armes, sans en avoir conscience. Au grand dam de mes parents, qui ont eu droit à quelques sueurs froides, malgré la confiance qu'ils avaient en moi. En y repensant, je me dis que j'ai parfois poussé le bouchon un peu trop loin. Peut-être une manière de me tester, de tester mes limites. Un amour de l'extrême que je n'avais pas encore assimilé comme faisant partie intégrante de mon ADN.

Si je vous raconte tout cela, c'est que je suis persuadé qu'il n'y a pas de hasard, mais qu'il y a des rendez-vous, comme l'affirmait Paul Éluard. Des rencontres qui m'ont forgé et m'ont petit à petit guidé sur ce chemin que j'emprunterais une vingtaine d'années plus tard. Pas vraiment un rêve de gamin, et pourtant, combien ont désiré devenir aventuriers explorateurs ? Moi, non. J'ai seulement suivi une route que le destin a mise sous mes pas. Une route sinueuse, âpre, complexe, difficile, douloureuse même parfois, mais lumineuse et enrichissante. Ces dix dernières années, j'ai appris tant de choses que j'ai eu envie de les transmettre, de les partager avec vous. Je ne suis ni avide de notoriété, ni goulu de reconnaissance publique. Je souhaite seulement donner à ceux qui en ont envie toutes ces clés que j'ai récoltées au gré de mes pérégrinations à la fois passionnantes et effrayantes. Un mélange d'adrénaline, de peur, d'angoisse, de joie, de bonheur, de stress, de panique, d'émotion, de gratitude. Un arc-en-ciel de sentiments et d'expériences que je ne veux pas garder pour moi.

Quand m'est venue l'idée d'écrire mon histoire, je n'ai pas voulu faire étalage de mes exploits sportifs ni proposer une chronologie insipide de mes aventures. J'ai voulu autre chose. Quelque chose de plus construit, de plus utile, de plus transmissible. Tout au long de mes explorations, j'ai cultivé plusieurs de mes valeurs fondamentales. Comme un voyage initiatique intérieur qui m'a rendu encore plus fort, plus dur, plus robuste, mais aussi plus sensible, plus empathique et plus à l'écoute du monde qui m'entoure. C'est pour cette raison que j'ai voulu me confier et partager ces valeurs au travers d'anecdotes vécues et digérées durant cette décennie. Non pas une liste de mes envies, mais plutôt un trousseau de clés qui vous servira même si vous n'envisagez pas d'entamer une carrière de tête brûlée. Bien que mon métier soit aussi ma passion, je reconnais que tout le monde n'est pas forcément disposé à se lancer corps et âme dans cette profession marginale. La vie est une aventure. Dès notre premier cri et jusqu'à notre dernier souffle, nous sommes tous des survivants et nous avons tous potentiellement cette force qui nous guide. Cette petite voix intérieure qui nous indique le chemin que parfois nous refusons de voir.

J'espère de tout cœur que ces histoires incroyables mais vraies qui font partie de ma vie et que j'ai décidé de coucher sur le papier vous permettront de comprendre pourquoi toute rencontre, toute situation renferme forcément une solution, une réponse. Les six chapitres qui suivent représentent mes six valeurs de vie. Même si cela peut paraître étrange, j'ai voulu faire en sorte que chacun d'entre vous s'y retrouve le plus facilement possible en vous guidant pas à pas, comme je le fais lors de mes stages de survie. Un rôle que j'aime et que j'estime important. Pourquoi garder pour moi toute cette connaissance accumulée ? Ça n'a aucun sens à mes yeux. Comme le dit si bien Olivier Lockert, hypnothérapeute et auteur français, « la connaissance, c'est partager le savoir qui nous fait grandir ». Si tout ce qui m'a fait grandir peut aussi vous aider à avancer et à mieux appréhender votre quotidien, il serait stupide de s'en priver.

Je vous souhaite un voyage magnifique et merveilleux à mes côtés. Enfin, presque à mes côtés. Mais ça, c'est accessoire. Le principal est que ce moment de lecture vous apporte suffisamment pour vous donner envie d'oser repousser vos limites, de vous faire confiance, de vous écouter. Parce que l'aventure est peut-être derrière chez vous, dans la rue d'à côté, juste sous vos yeux.

1

L'audace

Être audacieux, voilà un vaste sujet. Je ne sais pas si vous avez une idée exacte du sens de ce mot. Pour moi, l'audace est plus qu'une simple valeur fondamentale. C'est une démarche volontaire et spontanée qui peut mener à une erreur, mais qui permet d'avancer. Parce qu'attendre, c'est mourir, l'audace est comme une décharge électrique qui donne l'impulsion. C'est le bon coup de pied aux fesses grâce auquel on se secoue et on ose. Et comme j'ai l'habitude de le dire lors de mes conférences : « Oser, c'est gagner ! »

En un sens, l'audace permet de se dépasser tout en ayant conscience que la peur est présente et nécessaire. C'est aussi aller au-delà de certaines de ses craintes tout en les assumant. Mais l'audace va de pair avec la confiance en soi. Frissonner, avoir peur, douter, voilà autant de réactions physiques et psychologiques intimement liées à l'audace et qui indiquent qu'elle est là, chevillée au cœur et au corps.

L'audace est une valeur que je cultive dans toutes mes aventures. « À vaincre sans péril, on triomphe sans gloire », écrit Corneille dans *Le Cid*. Certains la considèrent comme une qualité, d'autres, comme un défaut. À moi, elle m'a toujours procuré des moments formidables, parfois même hors du temps. D'ailleurs, cette audace m'a souvent sauvé la vie. Elle a été ma plus fidèle amie dans des instants cruciaux, décisifs. Comme une douce mélodie qui vous berce et vous trace la ligne. Un courant pas toujours droit et linéaire, mais assurément porteur. Parmi les souvenirs audacieux qui remontent à la surface, il y en a un qui date d'avant même que je parte à l'autre bout de la planète pour ma première expédition. Une bouffée d'audace que j'ai partagée avec mon père et qui a été comme le premier pas, le *starter* de tout ce que j'allais vivre ensuite.

Rencontrer le directeur commercial de ThyssenKrupp pour fabriquer ma première carriole

2011, Australie. C'est ma première destination. J'avais déjà eu l'occasion d'y aller en tant que touriste et d'y passer plusieurs semaines avec une amie. Un pays qui m'avait fasciné par son immensité, mais également par son histoire, avec l'arrivée des premiers colons et, bien entendu, cette culture aborigène qui lui est propre. Je voulais absolument redécouvrir tout ça autrement.

Je commence donc à me pencher sur le projet fou que je me suis mis en tête : traverser ce pays-continent en courant. Une idée totalement farfelue, surtout pour une première aventure. Mais je suis convaincu que j'ai besoin de ce type de challenge pour me mettre en jambes. Seul souci : pour le réaliser en autonomie totale, il me faut un chariot que je pourrai tracter et qui, en même temps, me laissera suffisamment de souplesse pour avancer. Au début, je cherche un modèle prêt à l'emploi, vendu dans le commerce. Je finis par en trouver quelques-uns, mais les prix annoncés par les sociétés qui les fabriquent sont exorbitants, bien au-delà du budget que je me suis fixé. Si l'on peut appeler ça un budget. Je vous laisse imaginer : un jeune homme de 25 ans qui se lance à l'aventure, sans expérience et par sa propre volonté, il n'y avait pas grand monde pour y croire. Heureusement, je n'ai jamais rien lâché.

Forcément, les premiers concernés sont mes parents. Lorsque j'en parle à mon père, il me dit avec sa voix grave de Camus : « Mais je vais te la fabriquer, moi, ta remorque ! » Son enthousiasme me laisse circonspect. Même si je sais que, dans cette vieille ferme, mon père a tout refait de ses propres mains et qu'il aime bricoler dans son local, j'ai quelques doutes quant à la faisabilité de cette option, je l'avoue. J'ai beau lui expliquer qu'il s'agit de construire un peu plus qu'un essieu de voiture, à savoir ce qui devra m'accompagner sur plusieurs centaines de kilomètres au beau milieu du bush australien, il n'en démord pas. Je finis donc par accepter son offre. Je vais construire cet engin avec mon père. Un projet ambitieux et ardu, mais aussi l'occasion de partager un peu de temps avec lui.

Lors de nos discussions préparatoires, je répète qu'il faut que ce soit bien fait, léger, pratique. Bref, un travail propre et consciencieux. Ce à quoi il me répond inlassablement : « Une remorque, quoi ! » Je n'ai aucun regret, mais avec le recul, je me dis que j'aurais peut-être dû me décarcasser pour trouver 500 euros et m'acheter celle qu'une société m'avait proposée neuve et sur mesure. Au moins, je ne me serais pas fait suer – pour rester poli –, et elle aurait été plus légère. On apprend toujours de ses erreurs, et c'est un souvenir qui me fait encore sourire.

Nous commençons donc à réfléchir ensemble, à imaginer comment faire pour que cet engin soit le plus pratique possible à monter, mais aussi à démonter. Sans oublier son poids. Nous confectionnons des plans. Puis vient le moment de dresser la liste du matériel nécessaire pour assembler tout ça. Le cœur vaillant, nous partons dans un grand magasin de bricolage faire nos emplettes, rayon quincaillerie. Quand j'y repense, la scène est surréaliste. Je m'apprête à relever mon premier défi, et me voilà à pousser un Caddie pour fabriquer ce qui va devenir mon futur meilleur ami pendant plus de cent jours.

Alors que nous sommes en train de fouiner dans les bacs pour trouver notre bonheur, nous tombons sur un très bon ami de mon père. Après les salutations d'usage, la discussion s'engage et l'homme lance : « Bon alors, qu'est-ce que vous faites, là ? » Mon père, assez fier, répond d'une voix déterminée : « Ben, le gamin, il s'est mis dans le crâne de traverser l'Australie en courant, et il faut que je lui fabrique une remorque ! » Son ami se demande si c'est du lard ou du cochon, mais il veut en savoir plus. Nous lui expliquons que nous cherchons des matériaux légers comme de l'aluminium pour éviter la surcharge durant les quelque 5 400 kilomètres qui m'attendent au pays des kangourous.

C'est à ce moment-là que je me suis rendu compte que toutes les rencontres sont importantes. L'homme nous parle en effet d'une entreprise située à Bourges et qui s'appelle ThyssenKrupp. Spécialisé dans la sidérurgie, plus particulièrement dans les ascenseurs, ce groupe allemand a une antenne dans le Val de Loire. Une aubaine, puisqu'ils utilisent notamment de l'aluminium dans leurs fabrications. Pour gagner du temps, je demande à ce monsieur où se trouve la société. Il me répond d'un ton sûr et ferme : « Ben, près de la caserne des pompiers, là-bas, à côté du rond-point. »

Retour à la maison bredouilles, sans avoir fait le moindre achat. Je dis alors à mon père que j'irai faire un tour le lendemain, au culot, dans cette entreprise. C'est exactement ce que je fais. Je prends mon petit fourgon dans l'espoir de revenir, cette fois, un peu plus chanceux. Après avoir roulé quelques kilomètres sur les routes de la campagne berrichonne, j'arrive devant le grand portail métallique coulissant. Il s'ouvre grâce à un détecteur au milieu des grincements et des sifflements dus à des petits cailloux venus se loger dans les rails. J'entre dans la cour. Devant moi se dresse un énorme bâtiment avec un panneau indiquant le parking visiteurs. Je ne sors pas tout de suite de mon véhicule. Plein de questions se bousculent dans ma tête. Je reste assis comme un idiot, le dossier de mon projet entre les mains, à me demander ce que je fais là et, surtout, ce que je vais bien pouvoir leur dire. J'ai 25 ans et... aucune expérience.

Un peu perdu, je finis par me lancer. Après avoir monté les sept ou huit marches qui mènent à l'accueil, je pousse la porte ouvrant sur le hall d'entrée. Derrière une paroi en verre, une femme est assise, en train de travailler. Elle fait coulisser la vitre : « Que puis-je pour vous ? » Ça y est, le stress commence à me faire rougir. Je lui explique alors mon affaire : je veux traverser l'Australie en courant et je suis à la recherche de partenaires. Je lui précise que je suis certain que cette entreprise peut en faire partie. Sans trop de surprise, la femme me répond que non, ce n'est pas le genre de la maison de soutenir ce type de projets.

Pendant que j'expose ma folle aventure, je n'ai pas vu qu'un homme assis dans un autre bureau, la porte ouverte et en plein rendez-vous client, m'écoute. Tout à coup, j'entends ce monsieur hurler : « Vous voulez faire quoi ? » La jeune femme tente de le dissuader en lui rappelant qu'il ne s'agit de rien moins que traverser l'Australie, mais Laurent Debray – c'est son nom – lui fait signe de me laisser entrer dans son bureau. Je me retrouve, sans le savoir tout de suite, en face du directeur commercial de ThyssenKrupp. Cet homme courtois et très curieux me pose quelques questions sur la folie que je me suis mise en tête. Séduit, emballé par le projet, il me demande de quoi j'ai réellement besoin, précisant d'emblée qu'il vaut mieux faire une croix sur toute aide financière. Je lui déroule ma liste de courses en expliquant l'histoire de la remorque. *Illico*, il se retourne vers ses clients et leur dit : « Vous m'attendez, je vois un truc avec le jeune homme et je reviens ! » Attrapant deux casques de chantier, il m'en tend un et m'indique de le suivre. En chemin, je continue de détailler timidement le défi énorme dans lequel je souhaite me lancer. Nous arrivons dans l'un des entrepôts de la société, truffé de plaques métalliques. Là, il se tourne vers moi : « Bon, il te faut quoi exactement ?

– Ben, réponds-je d'une voix chevrotante, un matériau costaud, mais le plus léger possible, vu que je vais traîner ma carriole sur des milliers de kilomètres ! »

À cet instant, le fameux Laurent me regarde droit dans les yeux et me dit : « OK, alors là-haut, tu vois, on a des plaques d'aluminium qu'on utilise pour l'aéronautique. Ça te va ? Il t'en faut combien ? T'es venu en voiture ? Parce que tu vas repartir avec tout ce dont tu as besoin pour la faire, ta remorque ! »

Je reste médusé : cet homme, sans me connaître, est en train de me faire une démonstration de gentillesse et de bienveillance incroyable. Parce qu'il a trouvé ma démarche gonflée et folle, il décide de me donner un sacré coup de pouce en échange de rien du tout. Je vois alors un Fenwick débarquer et attraper deux plaques de 4 millimètres, perchées tout en haut des énormes étagères métalliques de l'entrepôt. Puis une autre de 1 millimètre pour faire la carrosserie de mon engin. Un ballet magique. Si idiot que ça puisse paraître, pour moi, c'est Noël avant l'heure. Je me trouve déjà bien gâté, mais Laurent s'approche de moi et me dit d'un ton ferme : « Tu viens avec ton véhicule jusque-là pour charger tes plaques, et après tu vas derrière ce bâtiment, tu verras une benne où on balance toutes les chutes de métal. Vas-y, sers-toi, prends tout ce dont tu as besoin. » Sans réfléchir, je m'exécute. Laurent me prête même main-forte pour que ça aille plus vite. Une fois le tout chargé, en bon Samaritain, il me dit : « Désolé, je vais te laisser, j'ai des clients qui m'attendent. Bon courage, Rémi, et allez, fonce ! »

Je suis scotché par le geste que cet homme vient de faire pour moi. Mon esprit est en feu. Ce que je viens de comprendre, c'est que mon audace a payé. Le coffre bien rempli, je repars et fais le chemin inverse jusqu'à la maison de mon père. À mon arrivée, je hurle pour que mon paternel vienne me donner un coup de main pour décharger. « Mais où est-ce que tu as déniché tout ça ? me demande-t-il.

– Ben, chez ThyssenKrupp, la société dont nous a parlé ton pote hier ! » dis-je fièrement.

Mon père, qui ne perd jamais le nord, me répond avec un petit sourire en coin : « Ah, super ! Comme il restera forcément des chutes, je pourrai les garder pour mes bricolages ! » Une remarque qui me fait rire aux éclats.

Une fois la carriole réalisée et mon expédition australienne bouclée, je suis retourné voir Laurent. Il était très heureux d'avoir contribué à ce premier défi, tout en m'avouant qu'il avait été bluffé par ma détermination. Comme quoi, lorsqu'on est porté par ses rêves et son audace, tout peut arriver ! Cette anecdote paraît minime comparée à toutes celles que je vais vous raconter, mais elle a été le point de départ de ma première aventure. Un pari fou et totalement démesuré, lorsque j'y repense. Partir en Australie pour traverser le bush du sud au nord avec pour seule partenaire cette fameuse remorque accrochée à mes hanches : il y avait une part d'inconscience, même si elle était mesurée. Alors, oui, cela fut ma première grande preuve d'audace. Mais je ne savais pas encore ce que j'allais vivre là-bas, ni que l'audace allait devenir une habitude, un *way of life* spontané qui allait même, dans certaines situations, me sauver la vie.

Avoir de l'audace, c'est savoir se surpasser, surmonter ses peurs, ses craintes, ses angoisses pour avancer, survivre, voire se nourrir. Ce qui est d'une simplicité extrême dans la vie normale peut vite devenir extrêmement complexe en milieu sauvage. Manger à sa faim fait partie de ces priorités incontournables qui peuvent vous pousser à faire des choses inimaginables dans d'autres contextes. Lorsque je suis parti en Australie, je ne me doutais pas un seul instant de ce que j'allais devoir endurer pour mener à bien mon expédition. Parmi tous les souvenirs que je garde en mémoire, il y en a un qui m'a marqué au fer rouge tant la situation était improbable, et surtout inédite : mon premier face-à-face avec un serpent venimeux. Inoubliable !

Manger un *eastern brown snake* (*Pseudonaja textilis*) en plein bush australien

Cela fait deux mois que j'ai débarqué en Oz, le surnom donné à cette île-continent qu'est l'Australie. Plus de soixante jours que je parcours des kilomètres avec ma fameuse carriole sur les routes du bush. Des moments magiques, mais aussi très durs physiquement et psychologiquement. Jamais je ne me suis retrouvé dans une telle situation, livré à moi-même dans un environnement qui n'est pas le mien, avec la ferme intention de rallier le nord depuis le sud. En tout, 5 400 kilomètres en courant.

Parti de Melbourne, je commence à longer la côte australienne jusqu'à Adélaïde en empruntant une route bitumée qui borde l'océan, la Great Ocean Road, avec des villes tous les cinquante kilomètres. Qui dit ville dit réapprovisionnement facile. Mais après Adélaïde, je traverse un parc naturel magnifique et arrive à Port Augusta, une ville d'Australie-Méridionale située à l'extrémité nord du golfe Spencer, 320 kilomètres au nord d'Adélaïde. Le dernier point balnéaire. Une fois ce check-point passé, aucune étendue d'eau à l'horizon. Le désert australien à perte de vue.

Je suis dans le désert depuis quelques semaines. J'ai emprunté la Stuart Highway en direction de la ville des chercheurs d'opale, Coober Pedy, et j'ai passé la *road house* appelée Glendambo. En Australie, une *road house*, c'est ce lieu improbable, perdu en plein désert, où l'on peut trouver un camping, un restaurant, une station-service, une poste et un point d'eau. Cela fait pas mal de temps que je cours. La nourriture a diminué et je fais en sorte de rester opportuniste et pragmatique. Donc, je ne chasse pas parce que j'ai faim, mais parce que l'animal est devant moi. Quand on est en milieu hostile et en itinérance, il faut être prévoyant et profiter des occasions. Impossible et inutile de perdre de l'énergie à réfléchir, poser un piège et attendre que la proie tombe dans le panneau. Pas le temps. Aucune place pour la probabilité. Il faut avoir de quoi se nourrir à n'importe quel moment. Lorsque j'organise mes stages de survie, c'est ce que j'explique à mes apprentis. Il y a trois sources de nourriture, de la plus simple à la plus complexe : la cueillette, la pêche et la chasse. On a rarement vu une ortie partir en courant et, dans le bush, les plantes comestibles se font rares. D'où cette idée d'être opportuniste et de se simplifier la vie au maximum.

Depuis quelques jours, je n'ai quasiment plus rien à manger. Le décor : une route de bitume brûlant chauffée par le soleil, avec des marques blanches en plein milieu pour délimiter la voie de droite et celle de gauche, puis, de chaque côté, le bush à perte de vue. Parfois, la température du goudron est tellement élevée que je dois piétiner lorsque je m'arrête pour ne pas avoir les pieds en feu. Le désert australien dans toute sa splendeur. Je fais une halte pour boire un peu, et c'est alors que j'entends un léger sifflement. Un serpent. Je ne sais pas encore à ce moment-là à quelle espèce de reptile j'ai affaire. Je l'ai su par la suite en consultant mon livre sur la faune et la flore australiennes. À noter que, sur 170 espèces de serpent australiennes, une centaine sont venimeuses. Soit 60 % de serpents mortels pour l'homme.

Je pars donc du principe que tous les serpents en Australie sont dangereux et peuvent mettre fin à mes jours en un claquement de doigts. Dans ce pays, si l'on est victime d'une morsure ou d'une piqûre d'animal et que l'on tombe sur le côté de la route, on a une petite chance de s'en sortir grâce aux quelques camions qui passent. Reste à prier pour que la personne puisse appeler les secours, c'est-à-dire le Flying Doctor Service, des médecins qui se déplacent généralement en avion ou en hélicoptère et atterrissent au milieu de la route, vu la difficulté et l'hostilité du terrain. Je ne pouvais pas non plus me trimbaler avec des anti-venins ou des injections au cas où : pas de véhicule réfrigéré à mes côtés, et il faut savoir que, avec certaines bestioles, une dizaine d'injections est nécessaire pour venir à bout du venin.

Malgré tout, quand je vois le serpent, mon ventre me dit immédiatement : « J'ai faim ! » Même si c'est risqué, le repas potentiel est devant moi. Là, une foule de questions se bousculent dans ma tête, notamment sur la manière de m'y prendre. La majorité des serpents fuient pour se protéger, mais l'*eastern brown snake*, lorsqu'il est menacé, soulève son corps du sol, prenant ainsi la forme d'un S. Son venin est susceptible de provoquer une paralysie progressive, et les victimes peuvent s'effondrer en quelques minutes. Il fait donc partie des serpents les plus dangereux d'Australie. Lorsque la situation se présente, le duel dure un certain temps avant d'avoir une issue. C'est là que l'on fait appel à toutes ses connaissances, à tout ce que l'on a pu voir dans des films ou lire dans des livres. Le fameux pragmatisme. On se calme, on réfléchit et on se pose les bonnes questions. Comment l'immobiliser pour le neutraliser ensuite ? Avec quoi ? Je me dis : « Il me faut un bâton en forme de fourche suffisamment long pour le tenir à distance et le bloquer. » Tout en gardant le serpent en vue, j'attrape le premier morceau de bois d'au moins 2,5 mètres que je trouve. Après l'avoir taillé, je le tiens du bout des doigts et réussis à bloquer la bête. Coup de chance : même si je ne l'ai pas immobilisé au niveau de la tête en maintenant une pression suffisamment lâche, c'est le serpent qui, en glissant en arrière pour s'enfuir, est venu bloquer sa tête sous le bâton.

Je me revois encore avec ma casquette, mes chaussettes hautes et mon trouillomètre à presque zéro, me demandant ce que je dois faire ensuite. Je commence à me rapprocher à une distance de 1,5 mètre tout en maintenant la pression. Puis j'attrape mon couteau pour lui couper la tête. Je me souviens de cette image du corps qui bouge légèrement sous l'effet des spasmes nerveux. Après quelques secondes, je récupère le serpent. Afin d'éviter que quelqu'un ne se blesse avec le venin encore actif sur ses crocs, je décide de creuser pour enfouir sa tête dans le sable, même si la probabilité qu'une personne passe par là est quasi nulle.

Il existe plusieurs techniques pour faire cuire un morceau de viande. Dans mon cas, n'ayant ni grille ni support, j'opte pour la cuisson à l'étouffée. Je fais donc un feu que je laisse grandir pendant de longues minutes. Je prends mon mal en patience. Une qualité qui devient indispensable quand on part à l'aventure. Une fois les braises bien rouges, je les mets de côté, je creuse un trou dans le sable pour y déposer le corps du serpent, puis je le recouvre. Ensuite, il ne me reste plus qu'à replacer les braises par-dessus et à entretenir mon foyer. Résultat : j'obtiens une viande qui est cuite, mais pas souillée par le sable, puisque la peau l'a protégée. Je me régale de cette chair peu grasse au goût à mi-chemin entre le poulet et l'anguille.

Même si la démarche semble périlleuse, voire insensée, pour survivre on trouve l'audace, le courage de se dépasser. On se surprend à faire des choses qu'on ne ferait pas au quotidien. Des choses inhabituelles, totalement cinglées. C'est ce que je trouve magique dans toutes mes aventures. Elles m'ont donné la force de sortir de ma zone de confort. D'aller là où tout peut arriver. Une force que l'on peut aussi exercer dans sa vie de tous les jours. Avant de vouloir aller affronter les animaux dangereux au fin fond de l'Australie, ne pas paniquer devant une araignée ou une souris peut être un bon entraînement. Surpasser ses peurs pour apprendre à gérer la situation. Tel est le défi que vous pouvez vous lancer chaque jour.

L'audace, quel mot sublime ! Nous n'avons pas tous la même définition de cette disposition qui porte à des actions difficiles, parfois dangereuses, au mépris des obstacles que l'on peut rencontrer. J'ai beau me creuser la tête, je ne vois que des moments où elle a été pour moi un ange gardien et un moyen de me dépêtrer de situations inextricables. Et pour risquer sa vie, pas la peine de faire des milliers de kilomètres ou de se perdre dans un désert. Non, il suffit de se lancer un défi et de se mouiller un peu. Prenons l'exemple de mon tour de France à la nage pour relier Dunkerque à Monaco. Là aussi, j'ai dû faire preuve d'audace, notamment au large de la côte atlantique.

Sortir du pertuis à la nage entre La Tremblade et l'île d'Oléron

29 juillet 2018. Les deux jours précédents, nous avons fait escale à La Rochelle et à Fouras pour nous reposer, mais aussi pour donner des conférences. Si je dis *nous*, c'est parce que, bien que je sois le seul à nager, deux équipes bénévoles, l'une maritime et l'autre terrestre, m'accompagnent tout

au long de ce périple. Plus de 2 600 kilomètres à la force des bras et des jambes le long des côtes atlantique et méditerranéenne : un pari totalement fou, même inconscient selon certains. Mais, là encore, j'ai fait le choix de n'écouter que mon instinct et mes envies. Le 28 juillet, après avoir tenu tête au fort courant marin pour sortir du pertuis charentais, situé entre l'île d'Oléron et la côte, je réussis tant bien que mal, exténué et rincé, à regagner la terre ferme de La Tremblade. Dans la pénombre du soir, nous nous posons au centre nautique de la commune pour passer la nuit. Comme à chaque arrivée d'étape, nous préparons nos affaires pour le lendemain et nous réunissons pour un état des lieux de la journée écoulée. C'est l'occasion de faire le point sur ce qui s'est bien ou mal passé et d'anticiper l'étape suivante.

Il faut prendre conscience que, durant plus de cent jours, il n'y a eu quasiment aucun répit. Chaque jour, j'ai parcouru 30 kilomètres à une distance de 500 à 2 000 mètres des côtes, dans une eau dont la température oscillait entre 8 et 28 °C. Douze heures de natation par jour avec, pour transporter mon matériel, mais aussi pour marquer ma position, une petite planche en fibre de carbone surmontée d'un mât de 2 mètres – ma base arrière. Quand j'y repense, un dispositif de dingue pour un pari très osé. J'adore !

Dans cette expédition, l'aspect le plus compliqué est la gestion des courants et des marées. Un paramètre plus que déterminant quand il s'agit d'avancer en nageant dans une eau pas forcément glaciale, mais où tous les repères sont totalement modifiés. Avant de partir, avec mes équipes, nous avons mis la main sur une application spécifique nous permettant d'estimer les courants marins en temps réel. Les courants évoluent sous l'effet combiné de la force de Coriolis, du vent, des différences de température des mers et des océans, de la densité et de la salinité de l'eau, ainsi que des contours des continents, des reliefs de profondeur. S'appuyant sur un algorithme qui prend en compte tous ces facteurs, l'application détermine précisément la direction du courant. Autant dire que, sans cet instrument, on naviguerait au petit bonheur la chance, donc probablement à contre-courant, en perdant du temps et de l'énergie.

Ce soir du 28 juillet, nous passons tout en revue avec les équipes. En ce qui concerne les vents, nous nous référons aux prévisions mesurées sur l'échelle de Beaufort. Habitués de l'outil, nous réussissons à prévoir ce qui nous attend le lendemain. Nous concluons que le meilleur moment pour décoller de La Tremblade est 6 heures du matin, pour profiter de la marée descendante et donc forcer le moins possible sur la machine.

À la suite de ce petit brief, nous contactons la Société nationale des sauveteurs en mer (SNSM) pour informer ses bénévoles de notre décision. Même si nous possédons notre propre armada, il arrive que la SNSM fasse le déplacement avec son propre bateau, un gros semi-rigide, ou avec sa vedette, *L'Insubmersible*, pour nous accompagner un bout de chemin. Une démarche très sympathique et toujours appréciable. L'échelle de Beaufort et l'application prévoient un 8 sur cette graduation qui s'étale sur 13 degrés, de 0 à 12. Cette échelle de mesure empirique correspond à un état de la mer associé à une vitesse moyenne du vent, le tout mesuré sur un laps de temps de 10 minutes. À la SNSM, il est souvent dit qu'il faut faire attention à partir de 10 ; car ce degré correspond à la tempête. La journée a été nuageuse et les conditions, pas vraiment idéales. J'ai le réflexe de dire à mes équipes : « Waouh, ça s'annonce costaud pour cette étape. Mais bon, de toute manière, on y est, on y est ! » Même si nous le voulions, nous ne pourrions pas attendre le moment propice ni reporter le départ. En comptant une journée par étape, toute l'aventure est calée à l'avance, avec une arrivée à Monaco programmée le 16 septembre précisément.

Après une nuit courte (deux heures), mais réparatrice, je me lève pour prendre le départ de l'étape 54. Un passage nommé « la Mauvaise » par les marins habitués à le parcourir. Je suis avec Yann, mon coéquipier, qui me suit en bateau pneumatique. Après avoir constaté l'état de la mer, nous décidons de nous lancer. Normalement, il faudrait être deux dans cette embarcation, mais les aléas de l'aventure ont rendu impossible la constitution d'une équipe de bénévoles plus fournie. Nous faisons tout de même le choix d'y aller pour ne pas perdre de temps. La SNSM nous dit qu'elle souhaite au moins nous accompagner pour sortir du pertuis, au large de La Tremblade.

Comme prévu, à 6 heures du matin, tout est prêt. J'ai mis ma combinaison, qui est quasiment devenue une seconde peau, et Yann a fait le plein de carburant. Nous quittons le bord pour rejoindre la fameuse plateforme située en face du centre nautique. C'est là que l'équipe de la SNSM nous a donné rendez-vous. Une fois arrivés, petite discussion avec les hommes en ciré orange, casque sur la tête. Dernier échange cordial avant le départ. Je me souviendrai toujours de leurs paroles : « Vous êtes sûrs que vous voulez y aller, là ? » Pas franchement impressionné par la houle et le chambardement qui se prépare, je leur réponds du tac au tac : « Ben, il est 6 heures, il faut qu'on y aille maintenant, comme ça on aura une bonne bascule et on pourra profiter de la marée montante une fois sortis. »

Je revois encore l'inquiétude et la stupéfaction sur leur visage et dans leurs yeux. « Avec un 8 sur l'échelle de Beaufort, ça veut dire que vous risquez de faire face à des creux importants. Vous vous rendez compte de ce que cela veut dire ? Nous, avec notre bateau et son énorme puissance, on n'en mène pas large. Alors toi, immergé dans l'eau, et ton ami, seul sur son IRB[1], faut que vous soyez sacrément courageux pour vous lancer dans ce bouillon. Vous êtes vraiment sûrs de vouloir y aller ? » Ma réponse est limpide : « On n'a pas le choix, on a un planning à respecter. »

Nous y allons. Masque sur le visage, et c'est parti. Dès les premiers mètres, je sens le courant qui

1. Inflatable Rescue Boat, canot de sauvetage gonflable.

m'emmène avec ses trains de vagues. Sauf que le pertuis charentais a une particularité liée à l'océan Atlantique qui fait face et à la fameuse cuvette se vidant dans ce même océan. Entre les vagues, le coefficient de Beaufort et les forts courants, les conditions sont affreuses et inconfortables.

Tout en nageant et en progressant au large des côtes, je prends conscience de la difficulté que nous allons devoir affronter durant les six heures à venir. De temps à autre, je me retourne vers Yann, qui me suit comme il peut dans son canot. Jusqu'au moment où je vois le bateau ne plus toucher l'eau tant la vague a été forte et puissante. Pendant quelques secondes, mon comparse disparaît, puis il réapparaît, à moitié sonné par le choc du contact avec la surface. Je ne peux m'empêcher de lui crier : « Eh, Yann, fais attention ! Comprends que tu es mon bateau de sécurité. Si c'est moi qui dois te porter assistance parce que tu te retournes, on n'est pas sortis de l'auberge. Alors s'il te plaît, sois prudent, assure juste le trajet, navigue, et fais gaffe à toutes les vagues ! »

Plus j'avance, plus la mer est démontée. Dans ma logique, une vague se forme uniquement parce que le fond marin remonte ; la houle se crée et, lorsqu'elle vient toucher le fond, cela produit une ondulation plus haute. Je suis persuadé que ce phénomène n'existe que sur les littoraux et les plages, pas en pleine mer. Là, force est de constater que la vague monte, monte et se casse. La seule solution pour ne pas me prendre le retour en pleine face, c'est de plonger sous l'eau, de nager comme je peux, puis de remonter à la surface. Une vraie galère qui dure jusqu'à la sortie du pertuis. La SNSM m'a prévenu que je risquais de rencontrer les plus gros dangers précisément à ce niveau, au confluent des vagues, du courant et de l'océan Atlantique. J'avoue que j'ai bien retenu la leçon et que je me suis préparé au pire. Il me faut six heures en tout pour faire cette portion de côte, avec quelques sueurs froides à la clé. Je me souviens d'avoir vomi à plusieurs reprises, en proie au mal de mer à force de monter et de redescendre au rythme de la houle, au point de perdre de vue l'horizon. J'ai beau avaler ma salive, rien n'y fait. J'ai nourri les poissons plus d'une fois pendant ce tour du littoral à la nage.

Arrivé à proximité d'une bouée bâbord proche de l'estuaire de la Gironde, je cherche du regard mon acolyte, toujours cramponné à la barre de son canot. « Bon, ça ne sert à rien de continuer : pour le moment, c'est marée descendante. Vu qu'on est juste à l'entrée de l'estuaire pour aller à Royan et qu'il est en train de se vider, je risque de me fatiguer pour pas grand-chose en nageant à contre-courant. » Nous nous accrochons donc à cette bouée en attendant que les courants changent. Dès que la fameuse application mobile nous donne le feu vert, nous nous relançons à l'assaut de la ligne d'arrivée de cette étape très éprouvante. Je commence à nager sur un courant quasiment nul. C'est ce qu'on appelle l'étale. Un moment de répit très appréciable après tout ce que nous venons de vivre, et qui dure une bonne heure. J'en profite pour progresser en attendant la montante, qui va nous propulser encore plus vite vers le port de Royan, destination du jour.

Je dois avouer que c'est l'un des moments les plus pénibles dont j'aie le souvenir. Je suis tellement rincé, vidé physiquement et psychologiquement, que je sors de l'eau à quatre pattes avec une seule envie : m'allonger et ne plus penser à rien. Juste dormir pour recharger les batteries. Je me souviens des premiers mots des bénévoles qui m'attendent sur la côte. Ils ne pensaient pas que j'irais jusqu'au bout, m'avouent-ils. Une vraie satisfaction pour moi dans le défi que je me suis lancé. Je repense également aux paroles des membres de la SNSM qui ont tenté de me dissuader de partir. Une fois de plus, mon audace et ma détermination m'ont prouvé que j'ai eu raison de croire en moi, d'écouter mon instinct et d'oser. Le plus impressionnant dans tout ça, c'est que, durant ce tour du littoral, j'étais à moins de deux kilomètres de la côte. Une distance qui peut sembler ridicule, mais impossible à franchir quand on est pris dans ce bouillon. Il aurait fallu plus d'une heure pour regagner la terre ferme tant les vagues étaient fortes.

Même si ce n'est pas la pire journée de ma vie d'aventurier, elle reste gravée dans ma mémoire à jamais, parce qu'elle m'a fait prendre conscience de l'humilité dont nous devons faire preuve face à la nature. Malgré tout le courage et toute l'audace que l'on peut avoir en stock, la mer nous rappelle que nous sommes une goutte d'eau dans l'océan. Sans ma volonté et une once d'imprudence, je n'aurais certainement pas tenu le choc ou j'aurais abandonné. Une décision que j'aurais sans nul doute amèrement regrettée après coup. Ni remords, ni regret.

Nager en eau vive, voilà un sport qui nécessite de l'opiniâtreté. Se jeter à l'eau sans même savoir où l'on met les pieds. Sans compter que la faune n'est pas forcément amicale. Il faut tenir compte de tous les paramètres, tous les dangers. Avouons-le, notre corps n'est pas réellement conçu pour passer plusieurs heures immergé. Il faut aussi accepter de se mouvoir dans un élément que l'on ne contrôle pas. Tout cela mis bout à bout peut donner le vertige à plus d'un. Personnellement, j'aime l'eau, et si celle salée et mouvementée de la côte atlantique m'a laissé des souvenirs, elle n'a rien à voir avec celle du Mékong, où j'ai battu mon record d'immersion. Plus de vingt-huit heures pour atteindre Phnom Penh, la capitale du Cambodge. Un moment, comment dirais-je, très humide !

Nager vingt-huit heures dans le Mékong pour atteindre Phnom Penh

Fin février 2014. Cela fait plus de cinq mois que j'ai quitté le Tibet avec la ferme intention de redescendre le fleuve Mékong à la nage. Un défi apparemment insensé, mais qui, pour moi, est largement réalisable. Lorsque je prends la décision de partir pour cette aventure, j'ai un ami américain sur place. J'ai fait la connaissance de Josh quelques mois auparavant en France. Il travaille à l'organisation du championnat du monde de nage en eau vive et habite Phnom Penh. Le jour où il a pris connaissance de mon projet, il m'a promis qu'il serait là pour moi. Une parole qu'il a tenue en me rejoignant sur plusieurs étapes le long du fleuve. Il m'a dit aussi qu'il m'inviterait chez lui quelques jours et m'aiderait à rencontrer les médias locaux. Cette promesse m'est allée droit au cœur.

Un jour, après plus de huit heures de nage, posé quelque part du côté de Srey Santhor, dans la province de Kampong Cham, je décide d'appeler Josh et lui annonce que je me trouve à quelques dizaines de kilomètres de chez lui. Il réside aux premières loges, puisque son appartement est situé à la confluence du Mékong et du Tonlé Sap, une grande rivière d'eau douce – c'est la signification de « Tonlé Sap » en khmer – qui prend sa source dans le lac du même nom et se jette dans le fleuve. Cette étendue d'eau est toute proche des temples d'Angkor. Lorsque je lui explique que j'ai décidé de partir le lendemain matin pour rejoindre Phnom Penh, Josh m'apprend que, de sa fenêtre, il voit des dizaines de porte-conteneurs et de longs bateaux de marchandises naviguant jour et nuit là où je compte passer. Il est donc urgent de ne pas perdre de temps, et surtout d'éviter ces monstres métalliques pour ne pas se faire harponner. Ce genre de rafiot est quasiment impossible à manœuvrer et, une fois qu'ils sont sur l'eau, rien ne résiste sur leur passage. Il y a un vrai danger à tenter le coup. Un message que je reçois cinq sur cinq.

Le lendemain matin, après une bonne nuit de sommeil, je décide de me remettre à l'eau avec pour objectif de faire tout le trajet sans m'arrêter une seule fois. Je ne me doute pas un seul instant que je vais passer plus de vingt-huit heures d'affilée en immersion. J'ai quand même l'espoir de boucler assez rapidement les 50 kilomètres qui me séparent de Josh, sans savoir précisément comment je vais m'y prendre. Inconscience, audace, folie, courage ? Un savant mélange de tout cela.

Je rentre dans l'eau. Je n'ai presque plus de nourriture. De mémoire, il me reste une barre de céréales et quasiment plus d'eau. Pas grave, je me lance pour faire toute cette descente à la nage, ouvert à l'inconnu. Avec le recul, je me rends compte que ma décision a été plus instinctive que réfléchie, comme souvent. Un choix que je ne regrette pas du tout, encore aujourd'hui.

Me voici donc à naviguer de jour. Après quelques heures passées à battre des pieds accroché à mon hydrospeed – cette grosse bouée qui me sert de guide et de garde-manger –, la nuit commence à tomber. Même si la visibilité est incertaine, je décide de poursuivre et de tracer ma route toute la nuit pour éviter, justement, les bateaux. En effet, je sais que la navigation fluviale n'est autorisée que jusqu'à 23 heures. Il est à noter que, encore aujourd'hui, pendant cette phase nocturne où les navires peuvent descendre et remonter le Mékong, ils avancent à vue et font clignoter de gros spots toutes les trente secondes pour ne pas créer de pollution lumineuse sur le fleuve. Cela veut dire que je suis obligé de bien observer ce ballet de lumières pour éviter une collision avec l'un de ces immeubles flottants.

Il est 22 h 30 ; je prends conscience d'une certaine difficulté dans l'eau. Le vent vient frapper mon visage de face. J'observe les lumières de la ville sur chacune des rives. Elles me permettent de fixer un cap, et surtout d'avoir un repère concret pour estimer ma vitesse de progression. Je me rappelle que je suis seul au beau milieu du fleuve Mékong, dans la nuit noire. Il est donc important de rester conscient et alerte pour ne pas perdre l'objectif de vue.

Tout à coup, comme je tourne la tête, tout devient noir. Plus aucun repère. Je ne sais pas pourquoi, mais je décide de taper du poing dans le vide. Sauf que ce n'est pas du vide. Je viens de croiser la route d'un de ces fameux bateaux, passé à quelques centimètres de moi. Il peut s'agir d'une péniche qui transporte du sable en cale. Ma chance est que, *a priori*, elle navigue à plein, si bien que ses hélices sont en profondeur. Sinon, j'aurais certainement été pris dans le courant du moteur, avec les conséquences que je vous laisse imaginer. Je prends mon courage à deux mains et à deux palmes pour vite m'éloigner de cette coque. J'y parviens au prix d'un gaspillage d'énergie non négligeable. C'est ma première grosse frayeur, et pas des moindres.

Je continue mon périple nocturne et mouillé. Vers minuit, je passe à proximité d'une zone où tous les bateaux sont à quai, avec des ancres imposantes. Tout à coup, un phénomène étrange se produit. Je suis dans l'eau et je palme comme jamais depuis des heures. Pendant ces périodes de solitude, j'ai pris l'habitude de développer une technique, celle de fixer deux points immobiles sur l'une des rives et j'observe à la louche si l'écartement évolue. Or, cette fois, les deux points ne bougent pas d'un poil. Plus je palme et moins j'avance. « Mais c'est quoi, ce truc, pourquoi ça bouge pas ? » me dis-je intérieurement. Dans l'eau, avec pour seul repère visuel ces deux fichus points fixes qui ne bougent pas, j'essaie de comprendre. Plus j'essaie de comprendre, moins j'y parviens. C'est un vrai calvaire psychologique, mais aussi physique, parce que je brûle énormément d'énergie en nageant pour du beurre. Puis, comme par magie, ça se débloque d'un seul coup. Je n'aurai l'explication que plus tard, une fois revenu sur la terre ferme. C'est très simple : la marée remonte jusqu'à ce niveau du fleuve, soit un peu plus de 300 kilomètres en amont de l'estuaire de la mer de Chine. Incroyable, mais vrai ! Un phénomène naturel que l'on ressent moins en naviguant, mais flagrant à la nage. La preuve !

Durant ces longues heures, j'insulte terre et mer, mais, grâce à mon mental, à aucun moment je ne songe à abandonner ni à baisser les bras. L'audace a cet effet magique de décupler les forces, et surtout de nourrir, d'alimenter la pompe énergétique, indispensable pour avancer. Mon calvaire prend fin vers 7 heures du matin, et je reprends une navigation normale, avec même un petit coup de pouce non négligeable de la marée descendante. Une belle récompense !

Arrivé à proximité d'une île, je me rends compte que je peux contourner cet obstacle naturel par la gauche ou par la droite. Ne voulant surtout pas gaspiller encore plus de forces, je décide de prendre à gauche, avec le sentiment que c'est le chemin le plus court. La navigation fluviale a repris, et forcément je croise à nouveau d'énormes molosses métalliques que je peux éviter. Vers 8 h 30, je décide de m'arrêter à la pointe de cette île. Cela fait plus de vingt-six heures que je n'ai pas mis les pieds sur la terre ferme. J'ai une faim monstrueuse, les pieds en feu, le dos qui me lance à force d'essayer de me tenir hors de l'eau, accroché au flotteur avec mon sac de 6 kilos. Je décide de sortir du fleuve comme je peux, je vire mon sac et je prends mon téléphone pour appeler Josh. De là où je suis, je vois Phnom Penh et ses gratte-ciel, son architecture, ses routes, sa vie citadine. Quand mon ami décroche, je lui demande d'une voix exténuée : « Eh, Josh ! Dis-moi, t'es où dans tout ce bazar ? Parce qu'elle est grande, cette ville. Je sors où de l'eau ?

– Tu vois la presqu'île ? Il y a le Tonlé Sap. Eh bien, nous, on est en face. »

Totalement désorienté, je lui rétorque : « Mais Josh, je ne sais même pas où je suis ! Même si j'arrive à me localiser avec mon GPS, ça ne me dit pas où tu te trouves exactement, ni comment je fais pour te rejoindre et en finir avec cette galère.

Le seul repère que j'ai, c'est que l'île où je viens de faire une halte s'appelle Koh Oknha Tei, et débrouille-toi avec ça. »

Je prends alors la décision de me remettre à l'eau et de poursuivre mon chemin. Avant de raccrocher, Josh m'a dit de nager tant que je peux, jusqu'à la pointe de cette île, et qu'il me trouverait. Sur ces derniers mètres, je donne tout le jus qu'il me reste, motivé par la perspective de les serrer, lui et sa copine, dans mes bras. Comme une belle récompense après ce périple, qui n'est qu'une étape de plus dans mon long défi. Après quelques dizaines de minutes de nage, j'aperçois un petit bateau traditionnel à moteur qui vient à ma rencontre. À ce moment précis, mes jambes, mes bras, mes pieds, mes mains sont en feu, mais je veux aller jusqu'au bout.

Dans le brouhaha du fleuve et malgré la fatigue, j'entends au loin une voix fluette avec un accent asiatique crier : « Rémi, Rémi ! » Il n'y a pas mille personnes qui connaissent mon prénom dans cette ville. À bout de force, je lève la tête et je vois Yuri, l'amoureuse de Josh, debout à la proue du bateau, balançant le bras d'un côté et tenant la caméra de l'autre, hurlant dans ma direction. Je me souviens de ce moment émouvant. Après tous ces kilomètres engloutis en nageant, je revois enfin des visages et surtout des personnes que je connais, ou du moins qui ne me sont pas étrangers. Je m'arrête à leur hauteur. Tout en me filmant, Josh s'exclame : « *Damned*, t'as nagé toute la nuit ?

– Ouais, j'ai nagé toute la nuit, je n'ai pas arrêté. Ça fait plus de vingt-sept heures que je me donne à fond. J'en peux plus. Il me faut du sucre, j'ai plus de jus. Je n'ai pas mangé depuis hier soir ! »

Après avoir avalé le verre d'eau sucrée que me tendait Josh, je me remets à nager avec la furieuse détermination de terminer cette étape. Je suis tellement épuisé que je fonds en larmes. En arrivant à destination, je m'échoue sur la berge et ne bouge plus. Josh, caméra à la main, s'approche de moi et me demande d'une voix émue : « Rémi, t'es mort ?

– Presque !

– Ah, au moins, tu n'as pas perdu ton sens de l'humour ! » rétorque-t-il avec un large sourire.

Je suis terrassé par la douleur lorsque je me relève tant bien que mal pour me mettre à genoux, et je jette mon sac pour soulager mon dos brisé. Une fois assis, je décide d'enlever mes palmes. Comme j'ai attrapé plein de bactéries, plein de cochonneries au fil de l'eau, les bandelettes avec lesquelles j'ai enveloppé mes pieds sont collées à ma peau. Dans un dernier effort, faisant abstraction de la douleur, j'arrache tout d'un seul coup, avec la peau. Mes pieds sont en sang, et Josh, juste à côté de moi, comprend que je ne peux pas marcher. Il entreprend alors de me soutenir pour m'aider à monter sur le quai, jusqu'au *touk-touk* qui nous mène à leur appartement. Un moment à la fois magique et terrible.

Cette longue épreuve terminée, je décide de m'arrêter une petite semaine dans la capitale cambodgienne pour me refaire une santé avant de repartir. Le jour même de mon arrivée, après une bonne douche, je mets un short et un tee-shirt et, pieds nus, je pars au restaurant avec Josh et Yuri. Josh me lance : « Rémi, choisis ce que tu veux, c'est nous qui t'invitons ! » Je n'ai rien avalé depuis vingt-neuf heures et meurs de faim. Quand le serveur nous apporte les plats, il nous demande si nous allons réussir à tout manger. Josh le regarde droit dans les yeux : « Ne vous inquiétez pas, le jeune, là, il a la dalle ! »

Le reste de la semaine, comme il me l'a promis, nous faisons le tour des médias cambodgiens. J'en profite pour préparer mon visa d'entrée pour le Vietnam, puisqu'il me reste précisément 304 kilomètres jusqu'à la mer de Chine. Selon mes estimations, il me faudra sept ou huit jours pour remplir le contrat et boucler cette aventure. Mais ça, c'est sans compter les fameuses marées. Finalement, j'en mettrai plus de quatorze pour arriver au bout de ce périple asiatique.

Même si j'en garde un excellent souvenir, je dois dire que cet épisode a été pour moi un vrai calvaire. J'en souris aujourd'hui, mais je sais que, si je n'avais pas eu l'audace de me lancer le défi de nager non stop durant plus de vingt-huit heures, ça aurait pu être pire. Voici la preuve par l'exemple qu'être audacieux et ne pas trop réfléchir produit des résultats étonnants, voire stupéfiants. Avec un constat sans appel : le corps humain et le mental ont un potentiel extraordinaire.

Il n'y a pas que dans l'eau qu'il faut faire preuve d'audace pour avancer. Tous les éléments naturels sont de vrais révélateurs de courage, y compris la terre ferme. Les conditions climatiques ont ceci de passionnant et terrifiant à la fois : l'homme ne les contrôle pas et il lui faut composer avec elles. Une véritable leçon d'humilité et de persévérance qui met tout le monde d'accord. Que l'on soit aventurier explorateur ou non, ces paramètres pèsent sur nos décisions, notre détermination. Pour ma part, j'essaie de ne pas me laisser influencer par ce genre de phénomènes. Souvent même, je les prends comme un jeu, un défi qui m'est lancé. Comme en Australie, où un ouragan n'a pas réussi à ralentir ma course ni à me faire changer de direction. Bien au contraire !

Courir sous un ouragan en Australie

Mi-février 2012. Je suis dans la dernière partie de mon défi australien, à un peu plus de 400 kilomètres de Darwin, mon point d'arrivée. Je me trouve entre Mataranka et Katherine quand je décide de m'arrêter sur une aire de repos. Je vois bien que le climat est en train de changer ; le ciel devient de plus en plus nuageux, chargé. Une antinomie, parce qu'un spectacle magnifique se déploie, et en même temps les conditions ne s'annoncent pas vraiment favorables pour la suite de la route. Je profite de cette halte bien méritée pour manger un morceau et reprendre des forces. Je rappelle que je ne suis pas tout seul. Cela fait des milliers de kilomètres que je traîne la fameuse carriole dont mon père est si fier. Je suis en train de manger mon repas sous un déluge quand une voiture s'arrête à ma hauteur. L'air soucieux et curieux à la fois, l'homme au volant ouvre sa fenêtre et me demande dans sa langue natale : « Mais tu vas où comme ça, l'ami ?

– Eh bien, à Darwin ! » lui réponds-je poliment.

L'étonnement se lit sur son visage : « Je ne sais pas si tu écoutes les news, mais il y a un ouragan là-bas ! » À mon tour de prendre un air déconfit : je n'étais pas du tout au courant. L'homme poursuit : « Les criques sont gorgées d'eau, le pont de la ligne de chemin de fer entre Darwin et Katherine a été arraché par les pluies torrentielles, certaines routes sont coupées ! » Vu comme ça, le tableau est plus que sombre. Pourtant, il faut bien que je poursuive mon objectif. C'est ma destination.

Sans sourciller, je décide de reprendre ma route, comme si de rien n'était. Durant toute la journée, je cours sur un bon rythme, et ce malgré les litres d'eau qui tombent du ciel. Puis arrive la fin de l'après-midi, le vent souffle et frappe violemment mon visage. Je commence à me demander ce que je fiche réellement en plein milieu de la Stuart Highway en direction du Top End. Tout en avançant, je scrute l'horizon et les alentours à la recherche d'un abri potentiel. Soudain, mon regard est attiré par un grand hangar sur la gauche. Il n'y a rien d'autre que cette bâtisse branlante. Un bâtiment perdu au milieu d'un champ, à 400 mètres à peu près. Je ne réfléchis pas longtemps et décide d'en faire mon toit pour la nuit. Oui, j'ai ma fidèle tente comme unique cabane d'aventurier. Pour la petite histoire, même si je suis content de la retrouver tous les soirs, il faut dire que, lorsque la pluie s'abat, ce n'est pas vraiment agréable, voire désagréable, limite pas reposant. Le revêtement n'est pas étanche et l'eau coule à l'intérieur. Avoir une charpente en dur qui va me permettre d'éviter une nuit humide, c'est déjà le standing d'un hôtel de luxe. Aventurier, OK, mais il y a une condition *sine qua non* pour mener à bien une expédition, c'est de ménager sa monture pour ne pas gaspiller trop d'énergie. Le sommeil est très important, il permet de recharger les batteries, de mettre son mental et son corps en veille, ne serait-ce pour quelques heures.

J'entre dans le hangar désaffecté. J'observe bien les lieux où je vais passer ma nuit. Là, je souffle un grand coup. Après une journée entière sous le déluge, je me retrouve enfin au sec, ou presque. L'humidité est bien présente dans le bâtiment, mais au moins je ne reçois pas d'eau sur la tête. Cet abri de fortune est fait uniquement de tôles avec, par endroits, des trous béants. Donc le vent passe et traverse la toiture. Une fois de plus, la première phrase qui me vient à l'esprit est : « Mais qu'est-ce que je fiche là-dessous ? » C'est certainement la rengaine que je me suis le plus répétée dans toutes mes aventures. Il y a aussi le boucan infernal des morceaux de métal qui claquent sous l'effet du vent, mais bon, ce n'est pas le moment de faire le difficile ni de se plaindre. Il faut toujours voir le verre à moitié plein plutôt qu'à moitié vide. J'ai de quoi m'abriter pour la nuit. J'aurais pu ne pas dormir au sec. C'est sans doute une manière de me rassurer et de garder confiance. Dans un éclair de lucidité, je me dis que le vent peut s'engouffrer là-dedans et arracher des tôles. Avec le recul, il est évident que c'était très risqué. Chaque morceau de métal pouvait se transformer en lame de rasoir. Mais comment faire ?

Pour ne pas trop réfléchir ni m'occuper l'esprit, je sors mon matériel pour faire ma tambouille. J'en profite pour prendre mon téléphone satellite, outil indispensable lorsqu'on décide de partir quelque part dans le monde se confronter à l'hostilité de la nature. C'est le seul fil qui nous relie à ceux que l'on aime, mais aussi aux secours si l'aventure tourne au vinaigre. Cette fois, la personne que je contacte, c'est ma mère. Avant de partir, je lui ai promis que je la tiendrais au courant le plus souvent possible pour la rassurer. Je conçois que, lorsque ton enfant te dit : « Papa, maman, bon ben voilà, j'ai décidé de partir à l'aventure à l'autre bout du monde », cela puisse faire froid dans le dos. Je compose le numéro, la tonalité retentit et, au bout de quelques secondes, j'entends la voix de ma mère. Drôle d'impression lorsqu'on est perdu en pleine nature australienne, sous une pluie torrentielle qui tambourine sur un toit de tôle. « Ça va ? T'es où ? me demande-t-elle.

– Ça va, je suis à quelques centaines de kilomètres de l'arrivée et je serai à Darwin, comme prévu. »

Après un silence qui semble durer une éternité, ma mère reprend : « Écoute, Rémi, je ne suis pas très rassurée. J'ai allumé la chaîne météo, comme à peu près vingt fois par jour. Ils ont annoncé qu'il y avait un ouragan à Darwin. T'es au courant ? » Forcément, je ne vais pas lui mentir. « Oui, je sais. L'ouragan en question, il est déjà au-dessus de ma tête. » Au moment même où je prononce ces paroles, coupure de la communication. Je vous laisse imaginer son angoisse à cet instant.

Le téléphone satellite, c'est bien, c'est pratique, mais ça nécessite des conditions particulières. De préférence, un ciel bleu, pas de nuages, aucune interférence. Il ne faut pas être sous un arbre, encore moins entouré de tôle. Bref, quand on a besoin d'aide, on ne peut jamais être certain de regrouper les paramètres idéaux. C'est paradoxal, mais c'est comme ça ! Cela explique que, malgré plusieurs tentatives, je n'aie plus jamais réussi à parler à ma mère ce soir-là.

Après une nuit plus que mouvementée, je remballe mes affaires et reprends la route. Les six jours qui me restent, je vais les parcourir sous l'ouragan. Parfois, des voyageurs s'arrêtent et me proposent de mettre ma remorque à l'arrière de leur véhicule pour faire les derniers kilomètres au sec. Chaque fois, ma réponse est la même : « Non, non, vu ce que j'ai traversé depuis Melbourne et ce qu'il me reste, je préfère continuer comme j'ai commencé ! » Je comprends pourquoi toutes ces personnes bienveillantes m'ont offert leurs services : il m'est arrivé de courir avec 10 ou 15 centimètres d'eau sur le bitume. Je me suis souvent demandé si ma remorque n'allait pas se transformer en sous-marin, mais mon père n'avait pas prévu cette option.

Même si je n'avais que le poids de mon corps et celui de la carriole que je traînais derrière moi – qui s'était largement vidée depuis le départ –, je n'en menais pas large. Mais impossible de flancher et de ne pas boucler ce défi comme je l'avais imaginé. Plus je progressais, plus je repensais au gars de cette fameuse aire de repos. Je voyais de mes propres yeux les ponts arrachés, les criques gorgées d'eau – jusqu'à 15 mètres tombés en une nuit. Cela semble improbable, mais je l'ai réellement vécu. Il faut aussi comprendre que, en Australie, c'est un peu la règle du « tout ou rien ». Quand il ne pleut pas, il fait atrocement sec et on ne croise pas âme qui vive. *A contrario*, quand arrive la saison des pluies, c'est un véritable déluge. Tout est inondé.

Malgré ces conditions plus que défavorables, je réussis à atteindre ma destination, au prix de douleurs monstrueuses : mes chaussures, gorgées d'eau au cours des six derniers jours, sont si usées que mes hanches en pâtissent. Je suis trempé de la tête aux pieds, j'ai des grosses ampoules que j'ai percées sans enlever la peau afin d'éviter les frottements. Franchement, il est temps que ça se termine.

Heureusement, cet ouragan n'est arrivé que vers la fin de mon expédition. Si l'on m'avait annoncé que je ferais les 5 400 kilomètres dans ces conditions, je pense que j'aurais essayé d'imaginer un autre système pour traverser l'Australie en courant. Comme quoi, dans l'audace, il y a forcément une part d'inconscience utile. Une fois parti, je n'ai jamais pris le temps de trop réfléchir. La meilleure chose à faire quand on se trouve face à ce genre de réalités, c'est de se lancer et d'aviser après coup. Lors des moments de pause, des fulgurances de lucidité me renvoyaient à cette question simple et tellement terre à terre : « Euh, ce n'est pas un peu idiot, ce que je suis en train de faire ? Je suis en train de courir en Australie alors qu'il y a un ouragan. »

De plus, il y a quelque chose dont je me souviendrai toujours. En arrivant à Darwin, l'ouragan se termine, le soleil revient, les bas-côtés de la route sont remplis d'eau. J'ai une photo de moi en caleçon, assis dans un caniveau. L'eau tombée du ciel coule à flots. Elle est à la bonne température, chauffée par le soleil. Un bain à 25, 26 °C. Je suis resté dans mon Jacuzzi plusieurs dizaines de minutes pour profiter d'un certain luxe. Une cascade au bord de la route, rien que pour moi.

Darwin se dessine devant moi, ses immeubles et ses gratte-ciel se profilant à l'horizon. La ville du Top End, dévastée par les Japonais pendant la guerre, est relativement jeune. Elle a déjà essuyé plusieurs ouragans. Le plus important, de mémoire, se nomme Tracy. Il l'a ravagée un 24 décembre. Je me souviens d'avoir demandé à un Australien pourquoi il n'avait pas fui ; il m'a répondu que c'était la veille de Noël et qu'ils étaient saouls.

Je veux terminer ma course dans le centre-ville, devant la Northern Territory Library. C'est un bâtiment que j'ai beaucoup apprécié en 2009, la première fois que j'ai voyagé en Australie en tant que touriste. Pour ce périple, j'en ai fait ma ligne d'arrivée. Devant la façade, je me sens exténué et usé, mais tellement fier et heureux. Je décroche ma carriole, jette mes affaires dans l'herbe, sans forcément réaliser ce que je viens de faire. Pour une première aventure, personne pour m'accueillir. Seuls quelques habitants me saluent après que je leur ai expliqué mon parcours.

Je n'ai qu'une chose en tête : téléphoner à ma mère, qui doit se faire un sang d'encre. Je prends mon téléphone satellite. Nul besoin de chercher dans les contacts, il suffit de regarder le dernier appel manqué. Cela ne peut être qu'elle. Il est très tôt en France, peut-être 3 ou 4 heures du matin. Ma mère décroche quasi instantanément, à croire qu'elle dormait sur son téléphone. Sa voix est encore tout ensommeillée.

« Oui, allô ?

– Oui, maman, c'est moi. Je suis arrivé à Darwin, tout va bien ! » réponds-je d'une voix posée et claire. Contente et soulagée, elle ne s'éternise pas au bout du fil. Juste le temps de me féliciter, de me conseiller d'en profiter, et silence radio. Cette fois, ce n'est pas la météo qui a tranché dans notre conversation, c'est ma mère qui a poursuivi sa nuit.

Quand je parle d'audace, je ne fais pas forcément allusion à une prise de risque. Contrairement aux apparences, il m'arrive de prendre des décisions qui ne mettent pas ma vie en danger, mais qui sont la preuve d'un culot ou d'une obstination inébranlables. C'est justement ce qui s'est passé en Australie. Maintenant que le défi sportif était relevé, il me restait encore un peu de jus pour tenir ma parole, celle que j'avais donnée aux médias rencontrés à Melbourne avant mon départ. Je leur avais promis que, une fois arrivé à Darwin, je ferais le chemin inverse pour venir leur raconter mes péripéties dans le bush. Avec deux conditions de taille : que je ne le refasse pas à pied et que ça ne me coûte pas les yeux de la tête.

Revenir à la case départ pour les médias australiens

Fin février 2012. Je viens donc de terminer ma course à travers l'Australie en effectuant mes dernières foulées à Darwin. J'ai décidé de me poser un peu avant d'organiser mon retour. Coup de chance, j'ai réussi à trouver une chambre chez un militaire, sergent dans l'armée australienne. En fait, il s'agit d'une formule de *couchsurfing*. C'est fondé sur les mêmes principes que le *wwoofing*, excepté que le rapport à l'argent est proscrit. N'importe qui peut proposer gracieusement un canapé, un repas ou même un café à un touriste de passage. Mais cela permet aussi de bénéficier des bonnes astuces et des bons plans du pays grâce à celui qui accepte d'être hôte. Une solution idéale, puisque mes finances sont un peu serrées à cette époque. Je reste quatre jours chez lui. Les deux premiers sont très difficiles, horribles même. Je suis encore dans le rythme de mon aventure. À 3 heures du matin, je me lève, je mets mes chaussures, comme conditionné. Après cent jours à la cadence que je me suis imposée, il me reste quelques habitudes. Ce qui me fait tout drôle, c'est de pouvoir prendre le temps, du temps pour moi. La résidence dans laquelle j'ai élu domicile possède sa propre piscine. Après l'effort, le réconfort.

Malgré tout, mon esprit est encore occupé à trouver une solution pour repartir à Melbourne facilement et sans trop dépenser. Il est hors de question que je me confronte à la même route, dans l'autre sens, à pied. Je profite donc de ces quelques jours tranquilles pour passer tous les coups de fil imaginables. J'essaie les compagnies aériennes et leur demande si je pourrais embarquer gracieusement avec ma carriole. Négatif. Je tente ma chance auprès des compagnies de bus. Négatif. Je tente ma chance auprès des compagnies de *road train*. Vu le nombre de mastodontes mécaniques qui traversent le pays en parcourant 1 000 kilomètres ou plus par jour, je me dis que ça peut le faire. Négatif. Je tente même le Ghan, la compagnie ferroviaire qui relie Darwin à Adélaïde en passant par Alice Springs. Il paraît que c'est l'une des plus belles traversées en train au monde. Malgré ma ténacité et ma détermination, pas mieux.

« Bon ben, je crois que je vais repartir en stop ! » dis-je un soir à mon hôte. Il me regarde, l'air ahuri : « Mais tu sais qu'il y a au moins 4 000 bornes pour traverser l'Australie ! » Cela équivaut à aller de Madrid à Moscou. Selon lui, personne ne me prendra pour la distance totale, donc je vais galérer à changer maintes et maintes fois de véhicule. En plus, mon visa expire bientôt. Je crois, de mémoire, qu'il me reste alors trois semaines. Autant dire que la fenêtre est serrée. Mais je reste concentré sur ce nouveau défi. Je me rendrai compte une fois de plus que, lorsque tes étoiles sont bien alignées, tout fonctionne.

Au petit matin, sans avoir répondu à la question des 4 000 kilomètres en stop, je pars avec ma remorque. Elle est beaucoup plus légère qu'au départ : juste un peu d'eau et de nourriture. Bien entendu, je suis plus relax qu'à l'aller, parce que je sais qu'il n'est pas question de courir. Tout en restant détendu, j'avance quand même à un bon rythme. Je passe Palmerston, commune voisine de Darwin. Mine de rien, plus de 20 kilomètres à pince, le pouce en l'air en espérant qu'une âme charitable accepte de s'arrêter. Sur mon trajet, j'ai trouvé un vieux panneau abandonné devant une entreprise et je l'ai récupéré pour indiquer ma direction. Je me souviens de ce que j'ai écrit dessus : « *Need a lift to the South.* » Le panneau est posé sur ma remorque pour que les conducteurs qui me dépassent sachent où je veux aller. Après plusieurs heures de marche, un gros pickup blanc surgit et s'arrête à mon niveau. Le gars au volant a une chemise jaune et bleu avec deux bandes grises. C'est la tenue des *workers*, ceux qui travaillent dans le BTP. Je me souviens qu'il porte aussi un short marron et des boots. Le vrai Australien du cru. Il me demande si tout va bien et propose de m'avancer jusqu'à Noonamah Road House, où j'ai fait une halte à l'aller. J'accepte : ce n'est pas Melbourne, mais c'est mieux que rien.

Après quelques dizaines de kilomètres, nous arrivons dans ce lieu magique où je retrouve des visages connus, surpris qu'eux aussi me reconnaissent à grands coups de « *Hey Frenchie !* ». Il doit être 18 heures. Ils veulent connaître mes plans. Devant une pinte de bière, me voilà parti à expliquer que j'essaie de trouver une voiture qui descende vers le sud. Un véritable fiasco. Vers 21 heures, je vois revenir l'homme au pickup blanc. Après avoir fait le plein au *liquor store*, il vient à ma rencontre dans le bar qui jouxte la boutique et me demande si j'ai trouvé une solution pour mon trip. D'un air dépité, je fais non de la tête. Il me propose alors de venir dormir chez lui. Il pourra me déposer au même endroit le lendemain aux aurores, et avec un peu de chance, je tomberai sur un *road train* ou un automobiliste.

Sans trop discuter, j'accepte son offre. Je remets ma remorque dans son pickup, et c'est reparti pour quinze ou vingt minutes de route. Une fois sur place, j'ai l'impression d'être dans un décor de film : une forêt tropicale autour de la maison, un grand billard dans le patio, un bar imposant qu'il a construit lui-même. Je suis déjà bien imbibé avec toutes les bières que m'ont payées les « OZ » – c'est ainsi qu'on nomme les locaux. Pourtant, la soirée est loin d'être terminée. Nous sirotons du rhum arrangé par ses soins pendant une bonne partie de la nuit. Ce n'est que vers 2 h 30 du matin qu'il consent à préparer ma couche. Devinez où je vais dormir : sur le billard. Grandiose.

Après une nuit quasi blanche – le ventilateur qu'il a installé à 50 centimètres de ma figure pour chasser les moustiques, aussi gros que des libellules, fait un bruit épouvantable –, il me réveille vers 5 heures. Nous prenons un petit déjeuner sur le pouce, puis il me redépose, comme prévu, à la *road house* de la veille. Tout est fermé et l'ambiance est plus que calme. Le *liquor store* ouvre ses portes, l'occasion de reprendre un café pour me réveiller. Je reste à attendre patiemment plusieurs heures en croisant les doigts pour trouver mon nouveau convoi. Vers 9 heures, la chance me sourit enfin. Un 4 × 4 s'arrête devant moi et me propose de me déposer 30 kilomètres plus loin. Ses propriétaires habitent Darwin et sont partis en excursion pour la journée au parc national Litchfield. J'accepte – une erreur stratégique. Cela ne valait pas la peine de faire une si courte distance alors que j'ai plusieurs milliers de kilomètres à parcourir. Résultat : 30 kilomètres plus loin, je me retrouve sur le bas-côté avec ma carriole, encore plus perdu qu'à l'étape précédente. Pas de prise pour charger mon téléphone, pas de point d'eau. Plus qu'une chose à faire : prendre mon mal en patience.

Je dépose ma remorque en bordure de route avec ma pancarte bien en évidence, espérant qu'elle attire l'attention d'un chauffeur. Je décide de m'allonger sous l'abribus. Je pense avoir attendu presque quatre heures. Enfin, un gros Toyota blanc marque l'arrêt et son propriétaire me demande ma destination. Je lui montre le panneau en indiquant le sud. Il suggère : « Katherine ? Alice Springs ? Adélaïde ? » Je finis par lui dire que cette dernière ville me conviendrait. En effet, je me suis lié d'amitié là-bas avec un couple et leur fille. Ce serait l'occasion de les revoir et, qui sait, peut-être pourront-ils m'aider à parcourir la route qui me sépare de Melbourne.

Le conducteur me regarde, accoudé à sa portière. « Que penses-tu si l'on charge ta remorque à l'arrière et que je t'emmène directement à Adélaïde ? » Je n'en reviens pas : ce parfait inconnu va me faire traverser l'Australie. Tout en sautant de joie, j'accepte sa proposition, et nous voilà partis.

Le trip dure trois jours. L'homme fait régulièrement 1 000 kilomètres en une journée, comme les routiers. Il enclenche le régulateur de vitesse, et roule ma poule, à 120, 130 kilomètres à l'heure. Je demande à mon nouveau bienfaiteur si c'est pour son travail qu'il parcourt de telles distances. « Non, pas du tout. J'ai acheté une Harley Davidson à Sidney, du coup je vais la chercher. » Interloqué, je réplique : « Vous savez qu'il existe des avions ? Cela vous éviterait de faire plus de 10 000 kilomètres pour une moto. » Il tourne la tête et, avec un petit rictus, me lance : « Je sais, mais j'aime conduire. » On explose de rire tous les deux.

Du coup, je parcours toute l'Australie comme ça. Cela fait une drôle d'impression. Je revois tous les endroits que j'ai traversés en courant à l'aller, tous les lieux de bivouac où j'ai passé la nuit. Une sensation vraiment bizarre. Les images me reviennent au fur et à mesure que l'on se rapproche d'Adélaïde.

Une fois sur place, je retrouve mes amis Guy, Elizabeth et Aubrey. Je suis vraiment fier d'avoir réussi mon pari : en quatre jours, j'ai traversé le désert australien en limitant mon coût financier. J'ai respecté mon cahier des charges. J'ai même pu profiter un peu d'Adélaïde en me laissant guider par cette famille adorable, avec laquelle je suis toujours en contact aujourd'hui. C'est aussi l'occasion de reprendre goût à une vie que j'avais mise entre parenthèses pour faire mon périple. En tout, dix jours durant lesquels je décompresse totalement : balades à vélo, visite de vignobles, barbecue le dimanche midi. Cela me fait un bien fou.

Se pose quand même la question du retour à Melbourne pour rencontrer les journalistes et raconter mon histoire. C'est Guy qui m'apporte la réponse. Il me regarde avec un petit sourire en coin : « C'est hyper-simple, on y va tous ! » Quel soulagement et quel bonheur de croiser la route de personnes si spontanées et bienveillantes. C'est aussi ça, la magie de l'aventure.

En tout, nous parcourons 700 kilomètres en voiture pour rejoindre Melbourne. Ce que certains sont capables de faire spontanément et avec le cœur est tout de même incroyable. Imaginez quelqu'un qui vous conduise de Paris à Marseille, comme ça, sans rien demander en échange. Tout simplement magique. À Melbourne, nous nous débrouillons pour trouver un camping où ils me déposent, avant de repartir aussitôt. Me voici libre de faire le tour des médias, comme prévu. Je me rappelle notamment Pierre, animateur sur la radio ABC, qui est décédé depuis, malheureusement. Là encore, de bons souvenirs qui me laissent de jolis clichés lumineux et positifs après une expédition hors du commun.

En octobre 2017, je monte sur la scène des conférences TEDx, à Orléans, et prends la parole sur la thématique de l'humanité. Mon exposé s'intitule : « Oser, c'est gagner ! » Voilà ce que mes péripéties m'ont enseigné...

Avec le recul, je me rends compte que je me suis toujours laissé porter par mes envies, mes objectifs, mes inspirations, mais aussi mes rêves, qui pouvaient paraître fous. Même si se lancer est la condition *sine qua non* pour réussir, l'une des clés majeures du succès est d'être prêt, d'avoir un projet clair qui tient la route. Cela ne fait pas tout, mais c'est déjà une bonne partie du chemin, et surtout un élément rassurant et fédérateur.

Le monde dans lequel nous vivons nous oblige à rentrer dans des cases. Pourtant, l'une des qualités nécessaires pour mener à bien un projet, quel qu'il soit, c'est d'oser y croire et de ne pas tenir compte du regard des autres, surtout des personnes qui nous sont proches. S'enlever toute pression donne une force incroyable. C'est certainement le levier le plus déterminant pour aboutir et relever le défi que l'on s'est fixé.

Et si revenir aux essentiels était la solution miracle ? J'en suis persuadé. Revenir à soi, revenir aux fondamentaux, revenir en son for intérieur et se répéter sans cesse : « La pire des choses que l'on puisse me dire, c'est non. Je tente et, si ça ne marche pas, tant pis. C'est que ce n'était pas le moment. »

Comme me l'a souvent dit Laurent Debesse, co-organisateur du tour de France à la nage : « On n'est jamais à l'abri d'une bonne surprise ! »

2

L'authenticité

Profiter du lever du soleil sur Uluru-Kata Tjuta, échanger une poignée de main amicale et sincère au bord du Mékong, se voir offrir de la nourriture par un inconnu et se rendre compte que c'est certainement l'un des plus beaux cadeaux de Noël qu'on ait jamais reçus... Voilà ce que signifie pour moi l'authenticité.

C'est aussi ne pas se mentir, rester soi-même, être honnête, probant. Ce n'est pas la peine d'en rajouter ; la vérité se suffit à elle-même. Mais c'est également accepter pleinement ce que l'on est pour vivre des moments à couper le souffle.

L'authenticité fait partie de mes aventures, mais aussi de qui je suis. Cette valeur a été l'un des piliers de mon éducation. Quand je vivais à Chambéry, à l'âge de 19 ans, j'avais pris l'habitude de suivre certaines règles pour me faire accepter des autres et me sentir aimé. Puis je me suis rendu compte que je n'étais pas moi-même. Je m'étais perdu sans le vouloir et, surtout, sans le savoir. Un matin, en partant travailler, j'ai eu un déclic : « Ce pantalon qui vaut une fortune, cette chemise dans laquelle je me sens étriqué, ces chaussures qui ne me vont pas, ce n'est pas moi, ce n'est pas Rémi ! » À partir de ce jour-là, j'ai osé m'habiller à mon image. J'étais en accord parfait avec moi-même.

C'est une valeur qui, à mes yeux, est incontournable et indissociable du métier que j'ai choisi. Je n'en reviens toujours pas en l'écrivant : j'ai une chance inouïe de pouvoir vivre de ma passion. Oui, l'authenticité est une clé lorsqu'on décide de parcourir le monde et d'aller à la rencontre de nouvelles âmes.

Même si l'on entend souvent que le premier voyage que l'on fait est intérieur, celui que l'on entreprend en avalant des kilomètres de route est tout aussi enrichissant, apaisant, voire spirituellement bienfaisant. Être authentique permet de profiter de chaque moment sans se poser trop de questions. Des instants magiques, j'en ai vécu des centaines. L'un d'entre eux, certainement le plus improbable de tous, est resté unique à mes yeux. C'était lors de mon périple en Australie.

Passer le 31 décembre à Kata Tjuta, en Australie

Fin décembre 2011. Cela fait un mois et demi que je cours sur le bitume australien. Nous sommes en plein cœur de ce pays-continent – nous, c'est-à-dire ma carriole et moi. Elle est devenue ma seule partenaire de route. Je viens d'arriver à Yulara, un village touristique au milieu du désert dans la partie méridionale du Territoire du Nord, célèbre pour sa proximité avec le parc national d'Uluru-Kata Tjuta, qui renferme une formation rocheuse gigantesque. Petite précision historique : en pitjantjatjara, l'un des 750 dialectes parlés à l'origine par les Aborigènes, ce rocher était appelé Uluru. Lorsque les colons ont débarqué sur le continent, ils l'ont rebaptisé Ayers Rock, en hommage à Henry Ayers, Premier ministre d'Australie-Méridionale au XIXe siècle.

Arrivé le 23 décembre, je décide de passer Noël ici pour me ressourcer. Ça n'a l'air de rien, mais courir pendant plus d'un mois, sous un soleil de plomb et dans des conditions extrêmes, ça laisse des traces. Il est donc intelligent et opportun de souffler pour ménager la machine.

Après avoir bien rechargé mes batteries, je reprends ma course le 31 décembre. Levé vers 3 h 30, je me mets en route très tôt, accompagné de ma fidèle remorque, en direction du parc. Je veux absolument contempler le lever du soleil. Un spectacle sublime et inoubliable qu'il ne faut rater sous aucun prétexte quand on voyage en Australie. J'empreinte donc Uluru Road jusqu'à l'entrée du parc où se trouve le fameux Ayers Rock, le « Rocher sacré ». Ce site naturel classé au patrimoine mondial de l'Unesco renferme aussi beaucoup d'autres trésors. Pour le visiter, j'ai le choix entre un pass trois jours à 25 dollars australiens et, pour 5 dollars de plus, un pass un mois avec accès illimité. J'opte bien sûr pour le deuxième sésame – de quoi prendre le temps d'arpenter et de découvrir cette merveille de la nature.

Quand on arrive au sein du parc national réparti sur plus de 132 000 hectares, mis à part de vastes étendues sablonneuses à perte de vue, des dunes, une faune et une flore disparates, les deux seuls grands reliefs qui ornent le parc sont Uluru et Kata Tjuta. Le premier est un gros monolithe rouge, une masse surprenante, tant par son aspect visuel que par sa composition minérale. Composé de monoxyde de fer, il s'élève à 348 mètres au-dessus de la plaine. Ce vieux rocher attire plus de 400 000 touristes par an. Une attraction en soi et une vraie fierté nationale. Quant au deuxième, situé à 32 kilomètres à l'ouest, il est composé de 36 dômes répartis sur plus de 20 kilomètres carrés. En langage aborigène, Kata Tjuta signifie « nombreuses têtes ».

Pour admirer Uluru, deux endroits sont possibles. Le premier s'appelle le Sunset Viewing Area, plutôt recommandé pour observer le coucher du soleil. Il offre une vue incroyable, puisque les couleurs varient de l'orangé au rouge avant de se fondre complètement dans le noir. Et puis il y a le Sunrise Viewing Area, *le* lieu conseillé pour profiter du spectacle auroral. Seul souci, il est à plus de 11 kilomètres de là où je me trouve. Difficile de m'y rendre à temps en courant avec ma carriole pour vivre pleinement cet instant authentique. Je m'arrête donc au Sunset Viewing Area, où je prends mon petit déjeuner. Une chose me frappe : je suis seul, puisque tous les touristes sont agglutinés sur l'autre site. Il est tôt, il n'y a pas encore trop de mouches. Un moment idéal pour se restaurer avant de décoller.

Après avoir contemplé Uluru, j'emprunte la Kata Tjuta Road, la numéro 4, qui fait tout le tour du parc et permet d'aller de l'autre côté, sur le deuxième site, celui de Kata Tjuta, également classé au patrimoine mondial de l'Unesco. C'est un endroit constitué de plusieurs massifs, 36 dômes en tout. Une forme géologique répartie sur plus de 21 kilomètres carrés. Un lieu surprenant et presque mystique dont le sommet le plus élevé s'appelle le mont Olga, culminant à plus de 1 000 mètres d'altitude. C'est un certain Ernest Giles, explorateur britannique, qui lui donna ce nom en l'honneur de la reine Olga de Wurtemberg.

En route, je croise de nombreux bus, de nombreux touristes et de nombreux curieux. Un vrai business touristique qui normalement tourne à plein régime. Tous les déplacements se font en car à cause des longues distances à parcourir. Quand tous ces gens me voient avec mon engin de fortune accroché aux hanches, il est facile d'imaginer leur étonnement. Alors que je suis presque arrivé au site, un bus s'arrête et un homme en descend. Il est breton et m'interpelle : « Ah, je suis content de te rencontrer ! » Il sort une pomme de son sac et me la donne spontanément. Un moment que j'ai immortalisé avec une photo. Après avoir échangé quelques minutes avec moi, il se retourne en s'éloignant : « Je te souhaite un excellent voyage, et fais attention à toi ! » Son attention délicate me touche énormément.

L'heure tourne. Je viens de parcourir une cinquantaine de kilomètres, mais, même si je sais pertinemment qu'il est interdit de dormir dans le parc, je décide de ne pas prendre tout de suite la Tjukaruru Road, qui doit m'emmener dans la communauté aborigène de Kaltukatjara, avec laquelle j'ai rendez-vous. Je veux absolument profiter du coucher de soleil. Je poursuis donc mon chemin. À peine ai-je parcouru quelques mètres qu'un gros Land Cruiser blanc portant le mot « Rangers » et flanqué d'un drapeau aborigène s'arrête à mon niveau. L'homme qui est à bord ouvre sa fenêtre : « Tu sais que tu n'as pas le droit de dormir dans le parc ? » Je lui réponds que je suis au courant. Il ajoute que, si je le veux, je peux planter ma tente à 7 kilomètres d'ici, au niveau d'un panneau qui indique : « *You are now leaving Uluru-Kata Tjuta National Park.* » Je le remercie pour cette information. Sur ce, le Ranger me souhaite bon courage. Seconde belle attention et, cette fois, de la part d'un local. Il fait sa ronde de service pour contrôler le bon respect des règles, apporter assistance si besoin, mais aussi vérifier que les réserves destinées aux touristes sont bien alimentées et que les téléphones de secours fonctionnent. Malgré le développement touristique, cela reste un environnement hostile.

Je cours encore une centaine de mètres avec mon chariot à roulettes avant de le voir revenir. Il est 18 heures et, malgré mon rythme, je ne suis toujours pas arrivé au Sunset Viewing Area. Il s'arrête à nouveau à ma hauteur et me dit : « Bon, écoute, c'est ma dernière ronde et je suis tout seul. Je n'ai pas envie qu'il t'arrive quoi que ce soit. Donc je préfère que tu dormes ici, même si c'est interdit normalement. Par contre, je te demande deux choses. La première, c'est de t'installer au niveau du parking des voitures. Il y a l'eau potable et un peu d'électricité, et tu as surtout le téléphone. Au moindre souci, tu peux nous appeler. Et la deuxième, c'est d'être parti demain matin avant que la vague des touristes ne déferle sur le site. Juste une question de respect, et pour ne pas attiser les jalousies. » Prenant conscience de l'énorme cadeau de fin d'année que me fait cet homme que je ne connais pas, j'acquiesce en hochant la tête et je repars, fier et heureux.

Une fois arrivé, je détache ma remorque, je me mets à l'aise, je pose mon sac. Je sais au fond de moi que je vais passer un moment authentique et unique : fêter la nouvelle année, seul, dans ce parc naturel australien. Un instant simplement magique. Je croise quelques touristes qui s'attardent, mais aussi des familles australiennes venues pique-niquer pour l'occasion. Un réveillon du Nouvel An en pleine nature sauvage. Je me mets à une table et je sors quelques petites choses à grignoter, histoire de patienter jusqu'au moment où je me retrouverai seul et où je pourrai monter ma tente face à cette immensité. Un jeune couple est attablé juste à côté de moi avec ses enfants. Le mari engage la conversation et me propose spontanément : « Est-ce que tu veux manger avec nous ? » Une invitation que je ne peux pas refuser. L'homme poursuit : « Nous étions au camping avec toi, on t'a vu avec tout ton attirail, et nous serions vraiment honorés de partager ce moment en ta compagnie ! » Une fois encore, cette attention me touche énormément. Me voilà donc embarqué pour partager leur barbecue. Au menu, saucisses cuites, chips, légumes frais en bâtonnets à tremper dans des sauces, sans oublier le vin blanc. Eh oui, c'est soir de fête ! Ce que je ne sais pas, c'est que le père de famille a rempli jusqu'à ras bord ma tasse métallique de 700 millilitres. Une soirée qui commence plutôt bien face au coucher de soleil, avec ses couleurs magnifiques qui changent progressivement, offrant un spectacle naturel éblouissant.

Puis vient le moment où la petite famille doit partir. Elle n'a pas, comme moi, l'autorisation de rester camper sur le site. Après avoir remballé toutes leurs affaires et de nouveau rempli copieusement mon mug de vin, ils remontent dans leur voiture et s'éloignent, s'enfonçant dans la nuit en me faisant de grands gestes amicaux par la fenêtre. J'ai décidé d'en profiter et de m'autoriser une nuit de la Saint-Sylvestre inoubliable dans le parc d'Uluru-Kata Tjuta. Près d'un litre et demi de vin blanc, sans mentir, je suis plutôt bien. Au fur et à mesure, les autres touristes quittent les lieux à leur tour. Je me crois dans un film : les personnages sortent de scène sans faire de bruit, jusqu'à la dernière voiture qui démarre dans cette ambiance nocturne incroyable. J'entends le bruit des pas, le claquement des portes, le vrombissement du moteur qui s'éloigne tout doucement, jusqu'au moment où... plus rien. Le silence complet. Nous voilà tout seuls, pour de bon, au milieu de cette immensité. Et quand je dis « nous », c'est une fois de plus en comptant ma remorque. Un moment gravé à vie dans ma mémoire. Je sais que je suis seul au monde, mis à part peut-être quelques Aborigènes, et encore, à fêter le passage en 2012 dans ce parc visité chaque année par des centaines de milliers de personnes. Avant de m'endormir, je lève une dernière fois les yeux vers les étoiles pour admirer la Voie lactée qui illumine le ciel. Puis je scrute, au loin, les dômes ferreux et sombres de Kata Tjuta qui se fondent dans la pénombre. Seules mes oreilles restent à l'affût des moindres petits bruits de la nature, encore très active. J'en ai le frisson rien qu'en y repensant !

Si l'authenticité des paysages fait partie des raisons qui me rendent accro à l'aventure, il en est une autre qui est tout aussi fantastique : l'authenticité des personnes. Dans tous mes périples, j'ai été époustouflé par la bienveillance et la gentillesse spontanées des êtres qui ont croisé ma route. Cela a été le cas en Australie, mais aussi en Asie, lors de ma descente du fleuve Mékong. Certes, j'ai pu me retrouver parfois dans des situations ubuesques, voire inconfortables, mais j'ai aussi connu des moments humains et vrais. Par exemple, lors de ma traversée du Laos, je me suis retrouvé invité à un mariage traditionnel. Un souvenir qui, aujourd'hui, me fait sourire et me touche.

Être invité à un mariage laotien pendant ma descente du Mékong

Début février 2014. Je me suis fait arrêter à Vientiane, la capitale du Laos, le 3 janvier pour des pépins administratifs divers et variés, et je n'en suis reparti que le 7 février. Soit un mois et quatre jours immobilisé. J'avais déjà bien entamé le deuxième tiers de mon voyage sur ce fleuve aux contrastes saisissants. J'ai repris mon périple en me lançant dans la traversée des deux derniers pays : le Cambodge et le Vietnam. Je reprends donc la route, ou plutôt le lit du Mékong, pour me laisser flotter vers de nouvelles aventures. Je commence à palmer comme un fou pour me remettre dans le bain. Une journée de reprise assez fatigante et éprouvante. Après plus d'un mois à terre, il faut que je retrouve mes habitudes, et surtout mon rythme. Au bout de deux semaines de nage à raison de quatorze heures quotidiennes, je décide de sortir de l'eau et de me poser dans un tout petit village. Mon stock de nourriture est proche de zéro. Il suffit d'imaginer la scène : un homme en combinaison de plongée, rincé par les longues heures de palmage soutenu, débarque sous le regard médusé des quelques habitants d'un village en bord de fleuve. Ce jour-là, je ne suis resté immergé que huit heures.

Lorsque je sors de l'eau, ma première mission est de trouver un coin apparemment tranquille pour me poser, un bon endroit pour accrocher mon hamac et passer une nuit confortable. Il faut dire que, quand je suis dans l'eau, j'ai le temps d'observer les rives et tout ce qui s'y passe : les habitants qui bricolent, qui discutent entre eux, les maisons sur pilotis posées en bordure du fleuve. Je m'imagine les routes et le trafic qui existe derrière ces villages. Par contre, il m'est impossible de savoir si ce sont des routes en terre battue ou goudronnées. Je peux aussi apercevoir les temples un peu plus en retrait, en hauteur. C'est comme cela que je jette mon dévolu sur ce petit village. À l'œil, il me plaît bien.

Mobilisant mes dernières forces, je me hisse hors de mon flotteur. J'ai tellement mal au dos à cause de la position du cobra – le fait de rester cambré en ayant la tête toujours hors de l'eau – que je ne sens plus mes muscles et que j'ai des douleurs au niveau des lombaires. Ainsi, il me faut bien une ou deux minutes pour m'extraire de mon hydrospeed. Une fois sur la terre ferme, j'enlève mes palmes et mes bottillons, que je laisse dans le flotteur. Je pose mon gilet de sauvetage, je prends mon sac à dos, mon casque, et me voilà parti à l'aventure, pieds nus et en combinaison, afin de trouver mon petit coin de paradis pour la nuit. Je tombe rapidement dans une rue très animée, remplie de petits restaurants, d'échoppes et de maisons sur pilotis collées les unes aux autres. J'avance les yeux grands ouverts pour repérer le spot idéal. Je suis aussi à la recherche d'un endroit pour manger et me réapprovisionner en nourriture.

Après avoir marché un peu moins d'un kilomètre, je décide de m'arrêter dans un petit restaurant. Je demande si je peux m'installer. La réponse est rapide : « Pas de problème », même si nous sommes en plein après-midi. J'en profite pour brancher mon ordinateur, passer en revue mes messages, poster quelques nouvelles sur les réseaux sociaux, stocker les photos et vidéos prises avec mes petites caméras durant le trajet. Tout en travaillant, je mange, pour ne pas perdre de temps. Entre deux téléchargements, j'admire la vue imprenable qui m'est offerte sur le fleuve sacré. Cela semble bizarre mais, même à l'autre bout du monde, perdu au milieu de nulle part, l'horloge compte. Une fois mon plat fini et mes photos et messages envoyés, je finis par demander aux gens du restaurant s'ils savent où je peux passer la nuit. Pas de *guest house* dans les environs, et dormir chez l'habitant n'est pas l'envie du moment. Je préfère garder ma liberté d'aller et venir, d'autant que je suis déjà resté bloqué plus d'un mois. Il ne faut pas que je perde trop de temps. J'ai pensé à dormir dans un temple, mais cela n'est que très rarement accepté. La propriétaire du petit restaurant me suggère alors les deux arbres juste à côté de son établissement. Ils sont parfaits pour installer mon hamac. Ni une ni deux, je laisse toutes mes affaires et commence à organiser mon bivouac pour la nuit. Dans la foulée, je pars récupérer mon flotteur et mon gilet de sauvetage que j'ai laissés sur la rive. Tout est parfait.

Lorsque j'arrive au bord de l'eau, quatre ou cinq personnes tournent autour de mon flotteur et de mes palmes. Aucune n'a pris la liberté d'y toucher. Rien n'a bougé. Malgré le fait que je sois très vigilant et méfiant, s'il y a un continent où je n'ai connu aucun larcin ni geste déplacé, c'est bien l'Asie. À plusieurs reprises, il m'est arrivé, comme dans ce petit village, de laisser mes affaires à la vue de tous sans qu'elles subissent de dégradation ni de vol. Même si cela semble fou à dire, je ne m'amuserais pas à faire la même chose ici, en France. J'aurais trop peur que tout disparaisse. Il faut le vivre pour y croire. Il y a un tel respect de l'autre et des choses que j'ai toujours été bien reçu et bien considéré ; cela fait aussi partie de la mentalité asiatique. C'est très appréciable, surtout lorsqu'on se retrouve isolé et plongé dans un bain que l'on ne connaît pas. L'authenticité n'a pas de prix, où que l'on se trouve de par le monde.

De retour au restaurant, j'ouvre mon embarcation pour sortir mon hamac. Même si mon hydrospeed est considéré comme étanche, après plus de quatre mois d'aventure, l'eau arrive à se frayer un passage à l'intérieur. Je suis donc bien content de pouvoir suspendre ma couche pour qu'elle sèche un peu. Une fois le duvet installé et mon hamac opérationnel pour la nuit, je demande à la femme du restaurant si je peux laisser toutes mes affaires afin de me rendre au marché pour faire quelques courses. Elle me répond par l'affirmative. Je prends donc mon sac avec mon ordinateur, mes papiers et mon argent.

Au marché, tout le monde me regarde du coin de l'œil. Forcément, je détonne par rapport au reste de la population. Mes affaires sont usées, délavées, les couleurs passées à cause du soleil. De quoi rebuter les personnes qui me croisent. Mais surtout, je suis pieds nus, et ce pour deux raisons : avec l'eau et le frottement des palmes, je ne supporte plus les chaussures, et il faut que ma peau respire si je ne veux pas me retrouver avec des soucis de santé. Petite précision : en Asie du Sud-Est, les gens qui marchent pieds nus sont considérés comme des pauvres. Même une personne qui n'a pas beaucoup de moyens se débrouille pour se procurer des chaussures. Objectif : ne pas être catalogué ou jugé. Du coup, à mon aspect repoussant vient s'ajouter le fait que je suis certainement un indigent. Un Blanc pauvre, sans le sou et marchant sans chaussures : je vois bien que les questions fusent dans le crâne de la plupart des villageois. Certains viennent même à ma rencontre pour me prévenir que le sol est sale et qu'il faut que je sois prudent. Une attention que je trouve prévenante, mais, personnellement, ce n'est pas cela qui va me faire peur.

Je commence à acheter des fruits et de la nourriture pour le lendemain. Là, je tombe sur un stand qui jouxte une maison ; une dame est assise derrière, sa petite fille à ses côtés. Elle essaie de me parler, mais je ne comprends rien. Je tente l'anglais pour échanger avec elle. Là, c'est elle qui ne me comprend pas. Je vois alors son fils sortir de la maison. Un jeune homme d'une trentaine d'années qui, lui, parle anglais. Il me précise que sa maman veut savoir pourquoi je n'ai pas de chaussures. Je lui explique ce que je fais, à savoir que j'ai entrepris la descente du Mékong à la nage, en palmant, et que je ne supporte plus les chaussures. Il traduit à sa mère qui, aussitôt, m'invite à m'asseoir pour qu'elle s'occupe de moi. J'ai droit à un petit massage de pieds, et surtout à l'application d'une crème apaisante. Là encore, aucune arrière-pensée, tout est spontané. Une authenticité incroyable, qui fait du bien. Pendant ce soin improvisé, je parle avec le jeune homme, qui me demande si j'ai quelque chose de prévu le soir même. Je lui réponds que mon programme est assez simple : manger et me coucher tôt pour me lever vers 4 heures et repartir en meilleure forme que la veille.

Alors que je me lève pour poursuivre ma balade, le jeune homme m'interpelle et me propose de venir me chercher en fin d'après-midi pour m'emmener faire un tour. Surpris et touché, j'accepte son offre et lui donne rendez-vous devant le restaurant à côté duquel j'ai installé mon hamac. De retour au bivouac, je me remets à mon ordinateur. La nuit commence à tomber. Comme promis, le jeune homme arrive sur son scooter en me faisant signe de la main et en criant : « Hello ! » Il me demande si je suis prêt. J'en ai pour deux minutes, le temps que le téléchargement lancé se termine. Une fois bouclé, je range tout ; deux minutes plus tard, je saute sur son deux-roues, sac au dos. Je lui précise que je n'ai rien à me mettre et que je suis toujours pieds nus. Il me répond que ce n'est pas grave et démarre tranquillement. Si la route est bitumée au début, elle se transforme vite en piste de terre battue. Nous roulons au milieu d'un nuage de poussière tant la circulation est dense. Autour de nous, les phares des autres véhicules percent ce brouillard artificiel. Après une bonne vingtaine de minutes, nous arrivons devant un grand portail orné de décorations chatoyantes qui ouvre sur une arrière-cour.

En descendant du scooter, je regarde autour de moi et aperçois des dizaines de femmes et d'hommes habillés en costume traditionnel laotien. À ce moment-là, je commence à me demander où je suis tombé. À cette question, mon hôte d'un soir me répond : « Ne t'inquiète pas, suis-moi, je vais te montrer le chemin. » Au milieu de tous ces gens tirés à quatre épingles, sur leur trente-et-un, j'ai franchement la sensation d'être un clochard. Mon jeune guide m'emmène auprès d'un homme et d'une femme encore mieux habillés que les autres, en costume traditionnel eux aussi. Ils se dirigent vers moi et me saluent, avant que le bougre m'annonce : « Alors voilà, Rémi, je te présente ma cousine et son chéri. C'est leur mariage ce soir ! »

Vraiment ? C'est impossible ! Je suis invité à un mariage laotien ! Je m'excuse de ne pas être mieux habillé et les félicite vivement pour leur union. Confus et timide, je m'installe à la table qu'on m'indique. Le temps que tout ce petit monde s'asseye, je me rends compte que je suis à la table des mariés. Deuxième surprise. Tous me mettent à l'aise et la soirée commence. Il y a de la nourriture à profusion, du poulet, du riz, des mets plus fins les uns que les autres. Je ne parle pas forcément beaucoup, mais je savoure ce moment exceptionnel et inédit. Un moment réellement authentique et simple. Tout le monde se rassemble, y compris les enfants qui sont à la rue et vont pieds nus. Pas parce qu'ils ont mal aux pieds, mais parce qu'ils n'ont pas les moyens de s'acheter des chaussures.

De mémoire, ces enfants ont entre 6 et 8 ans et – j'en suis certain – préféreraient être sur les bancs de l'école plutôt qu'abandonnés à eux-mêmes dans la rue. Ils sont là pour une chose : récupérer les canettes d'aluminium que les convives jettent sciemment par terre. Ils passent un fil de fer dans la capsule trouée et stockent ainsi leurs trophées. En les revendant, ils pourront se faire un peu d'argent pour s'acheter à manger. Cette image est restée gravée dans ma mémoire, et j'y repense de temps en temps quand l'envie de me plaindre pointe le bout de son nez.

Vers 22 heures, je décide de rentrer me coucher. Après les avoir remerciés pour leur hospitalité, j'explique à mes hôtes qu'il me faut dormir un peu avant de repartir nager dès le lendemain matin. Sans aucune surprise, ils me saluent chaleureusement et me souhaitent bonne chance pour la suite. Mon ami d'un soir me rembarque sur son scooter et me ramène jusqu'à ma suite de fortune. Dans mon hamac, il fait tellement chaud que je dors sans couverture. Je sais que toutes mes affaires seront prêtes à redécoller tôt le lendemain matin. Avant de fermer les yeux, je repense à cette journée incroyable. Je prends alors conscience de la chance que j'ai de partager autant de moments simples et authentiques avec les gens. Des moments de vérité et de sincérité, sans calculs, sans préjugés. Juste l'instant présent et le lâcher prise. D'ailleurs, ce qui est étrange et commun à toutes mes aventures, c'est que, même fatigué, rincé, épuisé, à bout, j'ai toujours la même phrase en tête quand je m'endors : « Vivement demain ! »

L'authenticité se révèle aussi dans les rencontres que je fais lors de mes expéditions. Combien de visages, de familles, de personnalités ai-je croisés durant tous ces mois de voyage à l'autre bout du monde, mais aussi ici, en France ? Une multitude, à tel point que je ne me les rappelle pas tous. Mais il y en a qui m'ont marqué, connus ou pas. Comme cet homme dont j'avais entendu parler, comme des millions de personnes sur cette planète. L'instant partagé avec lui m'a permis de comprendre qu'il est possible d'avoir de lourdes responsabilités tout en restant abordable et curieux de l'autre. Une entrevue qui m'a laissé un souvenir agréable et vrai.

Rencontrer en tête à tête S.A.S. le prince Albert II de Monaco

16 septembre 2018. C'est la dernière étape de mon tour de France à la nage. Comme chaque jour, j'ai nagé pendant plusieurs heures pour rallier la plage du Larvotto, à Monaco. Un moment exceptionnel, car en plus du soulagement d'avoir relevé ce défi énorme – parcourir tout le littoral français à la seule force de mes bras et de mes jambes –, il y a l'engouement de ceux qui m'ont soutenu durant ces longues semaines. Famille, amis, connaissances, mais aussi anonymes m'attendent sur le sable ou sur le front de mer avec de grandes banderoles. Même si cette étape a été plus courte que les autres, toute la tension accumulée depuis le départ, plus de trois mois auparavant, commence à retomber.

Après avoir passé l'Institut océanographique, j'enquille en longeant le port principal, où se trouve le Yacht Club de Monaco, pour arriver sur cette plage symbolique, autorisée à la baignade. Je me souviens très clairement de tous ces gens attroupés autour de la statue érigée à la mémoire de la princesse Grace. Je me rapproche de la plage, où sont regroupés des dizaines de journalistes. Une vision dingue, quand j'y repense. Je continue à nager en y mettant toute l'énergie qu'il me reste. Même si les stocks sont presque vides, je décide de ne rien lâcher pour terminer ce pari comme je l'ai commencé.

Une tonne d'images défilent dans ma tête. Je me rends compte que je suis en train de boucler 2 650 kilomètres dans l'eau salée. Je n'ai jamais été aussi près du but. Il est là, à portée de palmes. C'est alors que je m'arrête pour parler avec Yann, celui qui m'a suivi dans le petit bateau d'assistance tout au long de cette aventure de fou. « Je n'ai pas envie de sortir ! » Une phrase qui l'étonne. Pourquoi ? me demande-t-il. « Je me rends compte que ce n'est pas l'arrivée qui compte à mes yeux, mais tout le chemin parcouru et ces trois mois et demi passés ensemble. J'ai presque envie de faire demi-tour et de rebrousser chemin ! » Je suis tellement pris dans ce défi, j'ai tellement donné de moi pour vivre ces instants intenses, que je n'ai pas envie que cela se termine. Comme le sentiment de vide et de gouffre que l'on éprouve après avoir accompli quelque chose de précieux, de rare ou d'extraordinaire. Un ressenti que n'importe qui peut avoir au quotidien et qui donne le vertige, voire angoisse. Comme pour me rassurer ou me donner du courage, Yann me lance : « Allez, vas-y, c'est la fin, alors justement, profite de chaque instant que tu vas vivre dès maintenant. Tu le mérites largement ! »

Je décide de suivre ses conseils et je reprends ma nage, avec ma planche qui m'a suivi durant ces quatorze semaines d'efforts et de douleurs. Arrivé au niveau des bouées qui délimitent la zone de baignade, je prends mon temps pour enfin sortir de l'eau.

Je me retrouve alors entouré de tous ces journalistes qui ont fait le déplacement. Nul ne le sait encore, même pas moi, mais une personne qui m'est chère a accepté aussi de venir m'accueillir à l'arrivée et me faire la surprise. Tout en marchant tant bien que mal sur le sable au milieu de ce groupe chaleureux, je ne cesse de remercier les bénévoles présents pour leur bienveillance et leur aide. Je leur répète inlassablement : « On a réussi, on l'a fait, ce tour de France à la nage, on y est arrivés ! » Même si je suis le seul à donner de mon énergie chaque jour dans l'eau, on ne fait jamais rien seul. Toutes ces personnes me l'ont grandement prouvé. Je sais que la réussite d'un tel pari n'est possible que grâce à l'esprit collectif et à la synergie de tous. Sans cette mobilisation, cela aurait été infiniment plus compliqué, et j'en suis conscient.

Je suis en train de répondre aux questions des journalistes quand je vois mon père surgir de nulle part. Une image si forte, si émouvante. C'est la première fois qu'un de mes parents vient m'accueillir à la fin d'une expédition. Même s'ils n'ont jamais cessé de me soutenir, je sais que mes décisions ne sont pas forcément en phase avec leurs aspirations.

Ce que je retiens aussi de ce moment, c'est mon père qui a versé une larme en me voyant. Chose à laquelle je ne suis pas du tout habitué, puisque je ne l'ai vu pleurer qu'une seule fois auparavant. Un instant de grâce pour moi et un déclic chez lui. Ce jour-là, il a compris pourquoi je me suis lancé dans cette quête rocambolesque : faire de ma vie une aventure et en vivre. Une libération pour tous les deux. Autant dire que cette arrivée a une saveur particulière.

Je décide de passer un peu de temps sur la plage, histoire de décompresser. Tout ce monde autour de moi me donne le tournis, mais je veux absolument profiter de la vue une dernière fois. Très vite, une personne vient m'informer que je suis attendu au Monte-Carlo Bay, un hôtel luxueux dans lequel je n'aurais jamais mis les pieds en d'autres circonstances. Il faut savoir que cet établissement se trouve juste à la frontière avec la France. C'est donc un point de vue magique. Ayant travaillé dans l'hôtellerie et la restauration, j'ai vu pas mal d'infrastructures, mais celle du Monte-Carlo Bay dépasse tout ce que j'aurais pu imaginer. Elle est à couper le souffle.

Alors qu'une partie de l'équipe rejoint l'hôtel en voiture, j'arrive pieds nus, avec une barbe pas possible et des cheveux en vrac. La tête d'un homme qui vient de passer plusieurs semaines dans l'eau de mer, quoi. Le directeur nous accueille, puis se tourne vers moi pour me féliciter. J'ai la sensation d'avoir gagné le gros lot ou d'être une personnalité très importante. Un peu déboussolé et sonné par toutes ces attentions, je dis merci à tout-va. Procédure normale, on me demande de donner mon passeport pour pouvoir m'attribuer ma chambre. Je m'exécute sans broncher. Tout en remerciant, je précise à la personne de l'accueil que la chambre n'est pas obligatoire. Au pire, un bon matelas de sol, ça peut faire l'affaire. Je vous laisse imaginer sa réaction.

Le contraste est dingue. Durant plus de trois mois, j'ai passé mes journées en mer et mes soirées dans des campings ou des locaux prêtés pour l'occasion, dormant à même le sol, et je me retrouve soudain dans une chambre luxueuse et hyper-confortable. Une contrepartie gratifiante et qui fait un bien fou au moral. Nous passons la soirée et la nuit dans cet établissement quatre étoiles situé sur l'avenue Princesse-Grace, du nom de la mère de Son Altesse sérénissime le prince Albert II de Monaco. Un moment inoubliable durant lequel je relâche la pression, tout en en gardant un peu, car, même si l'aventure est terminée du point de vue physique, il reste du travail. Communiquer, rencontrer, partager. Cela semble accessoire, mais pourquoi avoir fait tant d'efforts si ce n'est pas pour transmettre tout ce que j'ai accumulé comme expériences, comme ressentis, comme observations lors de cette pérégrination aquatique ?

Le lendemain matin, lever très tôt pour assurer les interviews radio et presse écrite. Après avoir répondu à toutes les questions, je fais un petit tour chez le coiffeur, histoire d'être présentable lors de la conférence que je dois donner le soir même. À peine suis-je sorti du salon de coiffure que je reçois un coup de téléphone pour le moins surprenant. Un proche conseiller de Son Altesse sérénissime Albert II de Monaco me dit que celui-ci souhaiterait me rencontrer. Donc, pas de temps à perdre, je prends la direction de l'Institut océanographique, où nous avons déposé toutes nos affaires en vue de la conférence du soir. J'en profite pour vérifier avec mon équipe que tout fonctionne correctement. N'ayant pas prévu cette rencontre inopinée, je suis vêtu d'un pantalon marron très large, histoire de me sentir à l'aise. Rien à voir avec la combinaison de plongée ultra-moulante que j'ai portée durant plusieurs semaines. *Idem* pour le haut : j'enfile un polo ample pour éviter les frottements insupportables du textile sur ma peau irritée par le caoutchouc et l'eau salée. Bien entendu, je me déplace pieds nus, ne pouvant pas mettre de chaussures. Un vrai hippie.

Au Musée océanographique, je rencontre Robert Calcagno, qui en est le directeur depuis 2009. À noter qu'il m'a parrainé pour déposer ma candidature à la Société des explorateurs français (SEF). Créée en 1937, cette association regroupe de grands voyageurs qui contribuent à la connaissance des régions mal connues de la Terre et qui ont osé explorer des horizons lointains. Pour en faire définitivement partie, il faut avoir deux parrains qui sont déjà eux-mêmes membres de la SEF. J'en profite pour le prendre à part et lui poser une question qui me taraude : « Dites-moi, on m'a annoncé que le prince voulait me rencontrer, mais je ne sais pas comment je dois m'adresser à lui. Est-ce qu'il y a une formule d'usage ou est-ce je peux m'adresser à lui naturellement ? » Robert me regarde avec un léger sourire en coin : « Je me doutais que vous alliez me poser cette question. En fait, vous devez l'appeler par son titre.

– Donc je peux lui dire : "Bonjour Votre Altesse" ?

– Dans la logique, c'est juste, mais ce n'est pas suffisant, parce qu'il n'est pas qu'une altesse. Il est une Altesse sérénissime. Donc si vous décidez de l'appeler par son titre, il faut que vous disiez : "Votre Altesse sérénissime le prince Albert II de Monaco". Mais faites plus simple, appelez-le "Monseigneur". »

Bien avisé, je décide de m'en tenir à ce titre pour éviter tout manquement au protocole. C'est la première fois de toute mon existence que je vais appeler quelqu'un « Monseigneur ». Un contraste saisissant avec la vie à laquelle je suis habitué et que j'ai choisie : aventurier explorateur. Mais j'ai une deuxième question à poser à Robert Calcagno : « Par contre, je voulais vous préciser que je suis pieds nus. Impossible pour moi de mettre des chaussures. Est-ce que cela représente un problème ? » Il me regarde de la tête aux pieds et me dit : « Ah oui, effectivement, cela risque d'être un souci pour les services protocolaires. Mais ne vous inquiétez pas ! »

Peu de temps après, une voiture vient me chercher pour m'emmener jusqu'au palais, non loin de la cathédrale de Monaco. On me fait passer par l'une des portes situées derrière une grande allée d'arbres ornant le parvis du palais. Je vous laisse imaginer la scène : me voilà entrant dans ce grand bâtiment blanc très officiel, pieds nus et vêtu de manière décontractée. Les gardes en uniforme me demandent de patienter dans une petite pièce. Je m'exécute sans broncher. Très vite, je vois arriver un homme plus âgé que les autres et qui marche de manière très carrée en claquant des talons. « Bonjour, monsieur Camus ! Je suis le colonel des armées et de la garde privée du prince Albert II de Monaco. Je vais vous demander de patienter un peu et je viendrai vous chercher personnellement dès que tout sera prêt. » Je sens à sa voix et à son allure que tout est minutieusement préparé. Rien n'est laissé au hasard. Une rigueur que j'apprécie, puisque c'est une qualité que je cultive depuis des années pour préparer mes expéditions. Avant de quitter la pièce, il sort de sa poche deux chaussons d'hôpital et me dit : « Je comprends bien que vous ne puissiez pas mettre de chaussures, nous avions été prévenus, mais je vous demande de mettre ça ! » Me voilà donc assis à attendre que le colonel vienne me chercher, avec mes deux chaussons bleus aux pieds. J'en profite pour échanger avec le jeune militaire présent à côté de moi. Il est très curieux et me pose pas mal de questions sur mes aventures. J'apprends qu'il fait du triathlon et qu'il est passionné de course à pied. Un moment de partage agréable qui me permet de ne pas regarder ma montre et de tromper mon impatience.

Puis le colonel vient me chercher. Je lui emboîte le pas dans les galeries du palais. Après avoir traversé plusieurs pièces aussi belles les unes que les autres, nous arrivons dans le jardin privé du prince, avec une énorme piscine et des statues magnifiques. Il y a même un petit ponton sur la mer. La pelouse est tondue à ras et ornée de parterres de fleurs. Un décor de rêve qui tranche radicalement avec celui, agité et spartiate, que j'ai connu les semaines précédentes. Le colonel m'installe à une petite table et me demande de patienter le temps que le prince arrive. C'est entendu. Comment ne pas profiter de cette vision idyllique et apaisante ? Une parenthèse de sérénité et de plénitude que j'accueille avec beaucoup de gratitude, belle récompense après tous les efforts accomplis et les privations imposées. Me voici donc dans le jardin privé du prince de Monaco, le regard perdu dans cette immensité que j'affrontais la veille encore. Vêtu, je le rappelle, d'un pantalon marron large et d'un tee-shirt, et presque pieds nus. En toute simplicité et authenticité, jusqu'au bout.

Après avoir bu quelques verres de thé glacé et fait preuve d'une patience qui m'étonne moi-même, je vois une silhouette en costume cravate se diriger vers moi. Même si je ne l'imagine pas du tout comme ça, je comprends que c'est le prince. Simple et décontracté, il s'avance et me tend la main. À cet instant, je me remémore le petit entretien avec le directeur du Musée océanographique, qui m'a conseillé de l'appeler Monseigneur, « tout simplement ». Après une poignée de main franche et sincère, le prince s'adresse à moi : « Bonjour, monsieur Camus. Je suis désolé pour mon retard, mais j'avais quelques affaires urgentes à régler. » Souriant et sûr de moi, je réponds : « Enchanté, Monseigneur, ravi également de vous rencontrer ! » Ça y est, j'ai réussi l'examen de passage sans me tromper. Ce n'était pas dur, me direz-vous, mais je m'étais mis la pression tout seul.

Puis nous nous asseyons pour entamer la discussion. Un échange qui dure presque une heure autour d'un verre de thé glacé. Un moment hors du temps, authentique et vrai. Il me pose beaucoup de questions sur la manière dont j'ai vécu cette aventure, mes ressentis, mes émotions. Il souligne que, finalement, nous soutenons la même cause, puisqu'il milite énormément pour la préservation des océans. Il me précise qu'il fait le tour du monde pour sensibiliser les grands chefs d'État à l'importance cruciale de préserver ce milieu marin pour les générations futures. Bien entendu, je suis honoré par cette comparaison et par l'idée que le prince et moi partagions un objectif commun – moi à travers le sport et le dépassement de soi, lui grâce à la politique et à l'action citoyenne.

Une fois l'entretien terminé, je demande une faveur au prince Albert pour garder la preuve de cette entrevue : « Est-ce que vous êtes d'accord pour que nous fassions quelques photos ensemble ? » Amusé et souriant, il me répond : « Ah, mais bien sûr, avec grand plaisir. D'ailleurs, ne vous inquiétez pas, tout est prévu ! » Le photographe officiel, convoqué pour l'occasion, s'exécute et immortalise le moment. Et même si le cliché est coupé au niveau du buste, je suis bien pieds nus, debout, serrant la main de Son Altesse sérénissime le prince Albert II de Monaco tandis qu'il me remet la médaille de la ville. Un souvenir inoubliable et cocasse.

Tout en nous dirigeant vers la sortie, nous continuons à échanger chaleureusement. Le prince ne tarit pas d'éloges sur mon aventure et parle encore de sa détermination à agir pour la protection de l'environnement. Un sujet qui, apparemment, lui tient réellement à cœur.

Je suis sorti très en retard ; un véhicule m'attend devant le palais. Il m'emmène *illico* à l'Institut océanographique pour ma fameuse conférence, devant un public attentif et curieux au sein duquel se trouve l'ambassadrice de France à Monaco. Une conférence que je donnerai, bien entendu, pieds nus, dans une salle qui reste l'un des plus beaux lieux que je connaisse pour ce genre de prestation.

Même si cela peut paraître anecdotique, voire superficiel, cette rencontre illustre ce que veut dire, selon moi, l'authenticité dans les rencontres. Quel que soit le titre, quelle que soit la fonction, chaque femme et chaque homme reste avant tout un être vivant doué d'émotion et de sensibilité. Ce que j'aime par-dessus tout dans la vie que j'ai choisie, c'est la possibilité de rencontrer tous types de personnes grâce à mes aventures, avec toujours la même envie, la même détermination : rester moi-même et partager mes expériences, le plus simplement du monde.

Parfois, au cours de mes périples, je suis surpris par la spontanéité de mes hôtes. En effet, les mœurs et coutumes de certains pays sont totalement différents des nôtres. Il m'est arrivé de vivre des situations mémorables, troublantes, voire très gênantes, mais si vraies. Je me souviens notamment d'une rencontre étonnante, presque saugrenue. Le genre de souvenir qui, avec le recul, met le sourire aux lèvres.

Dormir dans le même lit qu'un couple chinois

Novembre 2013. Je suis dans le tronçon chinois de mon expédition sur le Mékong. La région où je me trouve s'appelle le Yunnan, et la partie du fleuve dans laquelle je nage porte le nom de Lancang River. Prenant sa source dans le Qinghai, sur les hauteurs de l'Himalaya, le « fleuve des neuf dragons » irrigue successivement la Chine, le Laos, la Birmanie, la Thaïlande, le Cambodge et enfin le Vietnam, où il se jette dans la mer de Chine. Voilà résumés les pays que j'ai traversés.

La portion du fleuve que j'arpente alors ne subit pas encore l'influence de la montée des eaux due aux barrages hydroélectriques. Plus je descends, plus la rivière s'élargit pour devenir un fleuve. Et je commence à voir apparaître ces fameux édifices dans le paysage. Je nage dans ce que l'on appelle des bassins de rétention d'eau. Ce sont des passages très difficiles, parce qu'il faut palmer comme un dingue pour avancer, très souvent à contrevent. C'est loin d'être une partie de plaisir, même si le décor est magique. Beaucoup de verdure et plein de visages qui me regardent avec curiosité depuis les rives du Mékong. Au cours de mes aventures, j'ai pris une habitude pour me sentir un peu moins seul. Très souvent, je branche ma petite caméra pour filmer et raconter ce que je suis en train de vivre. La fin de journée approche, le soleil commence à se casser la figure et la pénombre s'installe tranquillement. C'est le bon moment pour scruter l'horizon afin de trouver un endroit pour installer mon campement et passer la nuit. Seul souci ce jour-là : les berges sont abruptes ou inexploitables pour monter un abri de fortune.

Comme ça m'est arrivé des dizaines de fois, je redouble d'attention et me mets en quête d'une maison qui pourrait m'offrir le gîte et le couvert. Selon la formule si souvent répétée en face de la caméra, subitement je montre une habitation du doigt en disant : « Ils ne le savent pas encore, mais ce soir, je vais dormir chez eux ! » Je m'approche de la rive, je sors de l'eau tant bien que mal. C'est la même rengaine chaque fin de journée. Et la fatigue est identique. Mais je n'en suis qu'au début de mon périple. Il me reste encore pas mal d'hectolitres d'eau à affronter avant de toucher au but. Je me dirige vers la petite maison. J'ai le souvenir d'un lieu assez spartiate, avec des murs en parpaing recouverts d'un enduit vieilli, une dalle en béton sans carrelage en guise de sol. À l'intérieur, une toute petite table sur la gauche avec de quoi faire un feu à même la dalle, et puis quatre portes qui donnent chacune sur de tout petits espaces de vie dont l'un sert de chambre au couple chinois qui habite ici.

Reçu de manière très conviviale, je passe une soirée à discuter avec eux. Même si je ne parle pas couramment la langue, je m'appuie sur les quelques mots que je connais, sachant qu'ils ne maîtrisent aucun mot d'anglais ni de français. Du coup, il faut faire avec les moyens du bord. Je trace donc des petits dessins sur la dalle de béton avec un charbon de bois pour me faire comprendre. Une situation cocasse qui provoque parfois de grandes salves de rire. Malgré la barrière de la langue, on peut partager de bons moments. J'ai alors la sensation de jouer à Time's Up à l'autre bout du monde. Grâce à cette petite soirée de galère, j'ai au moins appris à perfectionner mon coup de crayon. Comme quoi, il y a toujours quelque chose à gagner.

Ce couple a un petit garçon qui se joint à nous pour le dîner. Au menu, c'est forcément du riz, mais aussi des légumes et de la viande cuite avec un peu d'huile, sans oublier les épices. J'ai toujours adoré la cuisine asiatique, certainement à cause de cette façon spécifique d'assaisonner les plats. Cette expérience est un vrai plaisir pour moi. Je n'en perds pas une seule miette, c'est le cas de le dire. Puis l'homme me propose un peu de bière chinoise, ainsi que de l'alcool de riz. Pour eux, la tradition exige de bien recevoir et, ce soir-là, je suis très bien reçu. Leur sens de l'hospitalité me touche. Même si l'on a du mal à se comprendre, les barrières tombent et on ne s'attache qu'à l'essentiel : le partage.

Nous passons une bonne partie de la soirée autour des plats préparés par la maîtresse de maison, et je commence à sentir la fatigue m'envahir. Mes journées de treize, voire quatorze heures de palmage laissent des traces. Je n'ai qu'une seule envie, c'est de m'allonger et de tomber comme une masse. J'ai besoin de cette nuit de sommeil pour recharger les batteries. Mais comment expliquer à mon hôte mon désir d'aller me coucher ? Chercher ses mots demande une énergie considérable, surtout quand ce n'est pas dans sa langue maternelle et que l'on fait tous les efforts du monde pour saisir la pensée de son interlocuteur. Malgré tout, j'arrive enfin à me faire comprendre grâce au mime – mes deux mains collées contre ma joue en bâillant. C'est l'homme qui me prend par la main pour me montrer la pièce où je vais dormir cette nuit.

Je découvre une chambre très spartiate, à tel point que j'arrive à apercevoir, au travers des lattes du sol, les cochons qui vivent juste en dessous. En face de la porte, j'aperçois un lit en bois très dépouillé avec pour seule couche un matelas sans drap. Mais j'ai tellement l'habitude de dormir à la belle étoile, dans mon hamac, que cela reste du luxe. Malgré les apparences, ce jeune couple a tout de même quelques moyens, parce que j'ai vu des maisons qui ne contenaient strictement rien. Alors, je ne vais pas me plaindre. J'ai de la chance d'avoir un toit, des murs et un lit pour la nuit. Une fois seul dans la pièce, je sors mon sac de couchage, que je secoue vigoureusement pour répartir équitablement les plumes d'oie à l'intérieur. J'ai un sourire jusqu'aux oreilles en me voyant déjà dans les bras de Morphée, profitant d'un sommeil réparateur bien mérité. En tenue de combat, caleçon et lampe frontale, je me glisse dans mon sac de couchage et descends bien au fond pour être parfaitement emmitouflé. Je rabats la capuche sur mon front et suis enfin prêt à profiter de ce moment béni : dormir du sommeil du juste.

Très vite, je commence à sombrer. Mais voilà qu'un bon quart d'heure plus tard, surprise : la porte s'ouvre avec un léger grincement. La lumière s'allume brutalement, indifférente à mon sommeil. Je fais légèrement pivoter ma tête, toujours bien installé dans mon sac de couchage, et j'aperçois le visage de la femme. Je ne bronche pas. Je détourne le regard, mais j'entends bien qu'elle est en train de se préparer pour dormir. Puis elle allume sa lampe frontale avant d'éteindre la lumière et de s'installer à ma gauche dans le lit. Même si je ne comprends pas du tout ce qui se passe, je reste bouche cousue. Cette promiscuité soudaine me met mal à l'aise. Impossible de réagir. Mille questions surgissent dans mon esprit étriqué d'Occidental. Est-ce que je devrais quitter la pièce ? Peut-être que ce genre de chose est tout à fait normal ici. Peut-être que cela fait partie des règles de l'hospitalité dans cette région ou ce pays. Peut-être que, par manque de place et pour me rendre service, le couple a décidé de partager son lit. Je décide de mettre mon cerveau en off et de laisser de côté toutes ces hypothèses, qui ne font que me fatiguer encore plus. Un vrai moment de solitude, et ce n'est pas le dernier.

Une demi-heure plus tard, rebelote. La porte s'ouvre de nouveau. Cette fois, c'est le mari qui entre dans la pièce. Il allume la lumière avec tout autant de spontanéité, puis se déshabille, éteint la lumière et se couche dans le lit juste à côté de moi. Je me retrouve donc entre le mari et la femme, prostré dans mon sac de couchage, à me demander ce qu'il se passe. Une fois de plus, je me pose des tas de questions. C'est une situation tellement délicate et ubuesque que la nuit n'est pas reposante du tout. Mais il faut bien que je ferme les yeux et que j'essaie de dormir. C'est ce que j'arrive à faire, tant bien que mal.

Le lendemain matin, je suis réveillé par les rayons du soleil qui passent à travers les lattes de bois. Mon premier réflexe est de tourner la tête à gauche et à droite pour voir si mes compagnons de nuit sont toujours présents. Niet, négatif, personne. Tout le monde est déjà debout. Du coup, je prends le temps de me détendre un peu afin de ne pas me lever stressé, tendu. Je profite des derniers instants dans mon duvet. Au bout de quelques minutes, je finis par sortir de mon sac de couchage, je range mes affaires et je sors de la pièce, sans oublier d'éteindre la lumière, restée allumée.

Mes deux hôtes sont en train de vaquer à leurs occupations. Pendant qu'elle cuisine, lui fume une cigarette, assis sur un petit fauteuil. Me voyant arriver, ils me font signe de les rejoindre pour déjeuner.

Je m'exécute, malgré ma gêne et les questions qui me taraudent. Bien décidé à comprendre, j'attrape un petit morceau de charbon de bois pour leur faire un dessin. Ça a bien fonctionné la veille, alors, qui sait ? Je m'applique et dessine un lit en trois dimensions, en reproduisant fidèlement la pièce. Faire un croquis au stylo n'est déjà pas évident, mais avec un charbon de bois, c'est une autre paire de manches. Enfin, je finalise mon œuvre d'art, qui fait bien un mètre sur un mètre. Pour être sûr d'être compris et augmenter mes chances d'obtenir une réponse, je pointe chacun d'entre nous tout en montrant le dessin. Au bout de quinze minutes, le message semble passer. L'homme me fait signe de le suivre et m'emmène voir toutes les autres pièces. Je comprends alors que leur chambre est l'unique pièce où ils pouvaient m'offrir le gîte. À leurs yeux, il est inconcevable de laisser quelqu'un dormir par terre. L'hospitalité et le partage sont des valeurs fortes dans les pays asiatiques. Je prends conscience que nous n'avons pas du tout la même approche dans l'accueil et la relation aux autres. Un moment authentique et surprenant qui éclaire les différences profondes de mentalité et la richesse des relations. Une véritable étude sociologique grandeur nature. Oui, être aventurier explorateur, c'est aussi cela : des moments authentiques qui sont parfois déroutants. Nous voilà sortis de notre zone de confort.

Malgré les difficultés traversées durant mes aventures, il y a des moments que je n'échangerais pour rien au monde ces instants magiques qui figent le temps et justifient toute cette débauche d'énergie. Sans eux, les défis n'auraient pas de sens. Parmi ces rencontres magiques, il y a eu celle avec le peuple aborigène.

Chanter au coin du feu avec les Aborigènes

Novembre 2019. Après mes expéditions en Australie et en Asie, je propose à six néo-aventuriers de m'accompagner au pays des kangourous pour y suivre un stage de survie. Objectif : se dépasser et partager de beaux moments ensemble. Mais l'idée est aussi d'aller à la rencontre d'une communauté indigène du Territoire du Nord : Kaltukatjara. En 2011, lors de ma première aventure, j'avais déjà eu la chance de passer un peu de temps avec eux.

Je veux montrer à mes apprentis que, avec du partage, de la cohésion d'équipe, de l'entraide et de la volonté, chacun d'entre eux est capable de repousser ses limites et d'aller au bout du défi. Au programme : la traversée d'une partie du désert australien en marchant près de 200 kilomètres sur la Tjukaruru Road au départ de Kata Tjuta, avant de se rendre dans cette fameuse communauté aborigène. L'environnement ne sera pas clément : 50 °C la journée, avec de longues marches dans le sable et un certain nombre d'autres difficultés. Les corps, mais aussi les esprits, seront éprouvés au maximum.

Le challenge, dans ce projet, est d'encadrer des femmes et des hommes qui ne connaissent rien à l'aventure, avec en plus un écart d'âge important. Le doyen a 60 ans, le benjamin, 21. Malgré ces contraintes, mon équipe arrive au bout des cinq jours et demi de marche pour découvrir la communauté de Kaltukatjara, aussi appelée « Docker River » en australien. Nous passons beaucoup de temps avec eux, même s'ils sont très craintifs et méfiants. Nous comprenons rapidement que l'« homme blanc » n'a pas fait que du bien en Australie et que l'occidentalisation du continent a bien entamé leur mentalité pacifiste légendaire.

Sur place, nous sommes huit à partager de beaux moments avec toute la communauté. En plus des six participants et de moi-même, il y a Valentin, le vidéaste qui nous accompagne pour immortaliser cette formidable aventure humaine. Quand je pars seul à la rencontre des autochtones dans les pays où je voyage, le contact est beaucoup plus simple. Dès qu'il faut s'occuper d'un groupe, cela devient plus complexe et plus délicat. Mais tout se passe bien durant cette visite de trois jours. L'un des Aborigènes s'appelle Albi. Il est proche de nous et nous emmène même dans un endroit sacré en nous expliquant que c'est un lieu de pèlerinage.

Au bout de trois jours, nous décidons de repartir. Nous reprenons la Tjukaruru Road en sens inverse pour affronter 40 kilomètres, toujours à pied, direction Hill River. C'est une rivière asséchée qui, lors des saisons des grandes pluies, redevient un vrai cours d'eau. Le site où nous faisons halte s'appelle

Lasseter's Cave, du nom de Lewis Harold Bell Lasseter, aussi connu sous le nom de Harold Lasseter. Ce chercheur d'or australien, *a priori* mort en 1930, aurait dit avoir trouvé en plein centre de l'Australie un coffret rempli d'or représentant une fortune inestimable. Après avoir quitté la tribu aborigène, il aurait péri seul dans le désert, non sans avoir fait escale pendant plusieurs jours dans cette fameuse grotte pour reprendre des forces. Il faut dire que nous connaissons bien ce lieu, puisque nous avons déjà fait halte ici au début de notre expédition.

Nous installons le campement, chacun se voyant attribuer une tâche pour que tout se passe bien. L'une des règles de base pour la réussite d'une aventure, c'est l'organisation. Les duvets et les matelas de sol sont sortis. La nourriture pour la soirée est préparée. Le feu pour le bivouac est lancé. Tout à coup, l'un de mes stagiaires s'exclame : « Tiens, il y a une voiture qui vient vers nous, et je crois que ce sont des Aborigènes ! » Pas vraiment surpris, puisque nous sommes sur leurs terres, je rassure mon stagiaire, et nous retournons à nos occupations. Alors que nous sommes assis autour du feu en train de discuter de notre journée et de tous les moments partagés, je tourne la tête et vois effectivement un petit groupe d'Aborigènes qui se dirige d'un pas tranquille, mais décidé, vers notre campement. Lorsqu'ils arrivent à notre hauteur, je les accueille et leur propose de se joindre à nous. Nous leur offrons un petit café. Philippe, l'un de mes néo-aventuriers, qui était en train de rouler des cigarettes, leur tend du tabac. Bref, l'ambiance est bon enfant et très conviviale. Nous nous retrouvons tous autour du feu, à échanger.

Bien entendu, cette visite était totalement inattendue, mais elle se révèle très agréable et surprenante. Nos invités restent plus d'une heure avec nous. Un vrai cadeau du ciel. Une occasion rêvée pour leur transmettre un peu de notre culture, mais aussi pour tenter d'apprendre quelques mots dans leur langue. Au bout d'une heure de tête-à-tête, nous savons prononcer une poignée de phrases élémentaires, suffisantes pour tenir une petite conversation.

Il me vient alors une idée : je sais pertinemment que les Aborigènes aiment chanter et danser. Mais je ne veux pas interrompre nos invités, qui sont en train de nous raconter des histoires ancestrales captivantes et de nous expliquer leurs traditions fascinantes. Plus l'heure avance, plus mon idée mûrit. Je finis par prendre la parole : « Vous savez, nous, en France, on adore rencontrer, parler. Mais il y a un truc que l'on aime par-dessus tout, c'est chanter et faire la fête. » Je vois bien dans leur regard qu'ils ne comprennent pas forcément tout, même si je leur parle dans un anglais rudimentaire. À ce moment précis, je me lance et commence à chanter. Le premier titre qui me vient en tête, c'est « Aux Champs-Élysées », de Joe Dassin. Et voilà que, au milieu du bush australien, en pleine nuit, autour d'un feu, je me mets à fredonner cet air que presque tout le monde connaît en France, ce qui est loin d'être le cas, évidemment, en Australie. De sa propre initiative, François, l'un des stagiaires, dégaine son téléphone et, sans réfléchir, lance le titre sur son haut-parleur. Une vraie chorale improvisée, très belle. Pendant que nous partons dans notre délire musical, les Aborigènes nous regardent avec de grands yeux ronds, perplexes. Un moment magique et mémorable. L'un de ces instants authentiques qui restent gravés à vie dans la mémoire et dans le cœur.

Mais l'histoire n'est pas finie, parce que je n'ai pas encore obtenu ce que j'espérais. Si j'ai poussé la chansonnette, c'est dans l'espoir de les faire chanter dans leur langue, si possible un de leurs chants traditionnels. Malgré tous mes efforts et mes arguments, je n'ai pas réussi. Ils n'ont pas voulu nous rendre la pareille, par timidité ou par pudeur, je ne sais pas. Pris dans l'ambiance, nous avons continué à chanter, avant que nos visiteurs ne décident de partir. Nous nous sommes tous regardés, hagards et reconnaissants pour ce moment incroyable, mais vrai, que nous avions partagé. Souvent, c'est lorsqu'on ne les cherche pas que ces moments authentiques tombent du ciel, comme ça, sans prévenir. Une heure de partage, de respect, d'échange, de convivialité. Une heure d'humanisme et de fraternité indescriptible. L'avoir vécu ensemble nous offre ce souvenir commun que nous évoquons encore et qui nous permet de replonger immédiatement dans l'ambiance de cet instant suspendu hors du temps. Je crois que c'est ce que j'aime le plus dans les stages que j'organise : cette idée de partage et de communion avec les autres, quels qu'ils soient, sans *a priori* et sans préjugés. Merci la vie !

Qui dit authenticité dit émotion. L'une ne va pas sans l'autre. Très souvent, les rencontres sont une source inépuisable d'émotions. Lorsqu'on croise la route de quelqu'un, on dit souvent que ce n'est pas un hasard. Une théorie qui s'est confirmée lors de mes pérégrinations en Australie, en Asie et même en France. Parmi toutes les rencontres authentiques que j'ai faites, il en est une qui me revient spontanément. Une de ces rencontres qui marquent l'esprit et l'âme au fer rouge. Elle a eu lieu en Chine, lors de ma descente du fleuve Mékong à la nage.

Moment émouvant avec la fille du médecin chinois

Fin novembre 2013. Je me trouve dans le *xian* de Yun, un district administratif de la province du Yunnan, à proximité du barrage hydroélectrique du Bachaoshan. Obligé de sortir de l'eau pour passer l'édifice, je me remets à nager juste derrière et continue à descendre le fleuve sans trop réfléchir. Il me reste encore une sacrée distance avant d'atteindre mon objectif. Avec une grosse problématique en tête : j'ai un double visa de soixante jours pour la Chine qui est sur le point d'expirer. Je sais que j'ai deux solutions pour le renouveler pour une période de deux mois : soit aller à Hong Kong, à des milliers de kilomètres de là, soit quitter volontairement le pays et demander un nouveau document valable deux mois. Sachant que je ne me trouve pas très loin de la frontière birmano-chinoise, ça vaut la peine de faire un crochet par ce pays, qui n'est pourtant pas prévu dans mon aventure. Précision de taille : je ne sais même pas si cela me sera possible, car je n'ai pas de visa d'entrée pour la Birmanie. En clair, je peux très bien me retrouver dans un *no man's land* sans aucune possibilité de faire demi-tour. Mais le jeu en vaut la chandelle. Sans ce précieux sésame, je peux dire au revoir à mon défi.

Hyper-confiant et déterminé, j'avance donc le long du Mékong et j'arrive à proximité d'un tout petit village. Je m'approche de la jetée. Un couple de pêcheurs me fait de grands signes de la main en me disant de m'approcher. Je sors de l'eau et me dirige vers eux. Ils ne parlent pas un mot d'anglais ; nous arrivons à peu près à nous comprendre par gestes. Ils m'expliquent qu'ils veulent m'emmener sur leur moto. Ils habitent sur une petite embarcation de sept mètres de long, et n'ont en effet pas la place de m'héberger. Nous remontons la rue principale en direction d'un tout petit bourg. Une fois que nous sommes arrivés, le couple m'indique la maison du médecin du village. Il s'avère que c'est aussi un de leurs amis. Je décide finalement de rester quelques jours pour me reposer et préparer la suite de mon expédition. Le point positif est que le médecin en question a un ordinateur et Internet. Cela veut dire que je peux utiliser un traducteur et échanger plus facilement avec mes hôtes.

Le moins que l'on puisse dire, c'est que ma présence ne passe pas inaperçue. Tout le village sait qu'un Français a échoué ici et les gens n'hésitent pas à venir s'agglutiner devant la maison pour voir ce visiteur inattendu. Je les entends tous chuchoter : « *Fayu* », ce qui signifie « Français » en chinois. Le docteur vit dans une toute petite maison, très modeste, avec sa femme et sa fille. J'arrive tant bien que mal à leur expliquer que je dois absolument me rendre en Birmanie pour renouveler mes papiers et revenir en Chine. Accepteraient-ils que je laisse mes affaires chez eux et que je vienne les récupérer ensuite ? La famille est d'accord. Je rassemble tous mes effets personnels et les stocke dans le cabinet du médecin.

Soulagé et rassuré, j'entreprends de me rendre par mes propres moyens au poste-frontière. C'est l'aventure dans l'aventure. Sans autre moyen de locomotion, je me retrouve dans un camion de chantier totalement défoncé, avec huit personnes à bord et deux enfants sur les genoux, pendant deux heures sur des pistes en terre battue. Le véhicule est tellement vétuste que le jeune conducteur est obligé de tourner constamment le volant à droite et à gauche. La direction est fichue ; pour tourner, il faut presque faire un demi-tour avant que cela ne fonctionne. Le chauffeur me dépose à proximité du barrage hydroélectrique, juste à temps pour que je saute dans un minibus en direction du village de Bangdongxiang. J'arrive en fin de journée, exténué par ce voyage plutôt tape-cul dans les transports en commun locaux. Impossible de trouver ma correspondance pour rejoindre la ville de Lincang, car la nuit ne va pas tarder à tomber. Je réserve une nuit dans le premier hôtel que j'aperçois. En cherchant de quoi dîner, je rencontre une jeune femme qui vend des téléphones portables. Avoir un outil de communication ne peut que m'être utile. Elle m'explique que je peux réserver sur Internet, demain matin, de bonne heure, un départ pour Lincang, pour la modique somme de 100 yuans.

Puis cette jeune femme me propose de passer la soirée avec son mari, sa petite fille et ses parents. C'est sa mère qui est aux fourneaux. Dans la culture asiatique, les enfants travaillent et les grands-parents s'occupent des petits-enfants. D'où le fait qu'ils vivent tous ensemble. Au menu ce soir-là : riz et viande grillée. L'ambiance est conviviale et, malgré la barrière de la langue, nous arrivons à échanger grâce à l'ordinateur posé sur le bureau. Pendant nos conversations, je sens une odeur alléchante et vois de la vapeur d'eau sortir du passage qui donne sur la cuisine. Je comprends alors que leur magasin fait partie de leur maison, ou vice versa. En Chine, l'utilisation de l'espace est optimisée. Que ce soit pour vivre ou pour travailler, chaque centimètre carré compte.

Le lendemain matin, j'arrive à attraper le car pour Lincang. Je passe plusieurs jours sur place avant de trouver la solution à mon problème. C'est une personne rencontrée dans un parc qui me conseille d'aller voir au poste de la police des frontières. À l'accueil, je formule ma demande : « Bonjour !

Voilà, je suis Français, et mon visa arrive bientôt à expiration. Comment je peux faire pour le renouveler sans souci ? » L'homme m'explique que je dois repartir vers la capitale, mais cela m'est impossible. Je lui explique mon projet de me rendre en Birmanie. Si je passe la frontière sans visa birman, m'explique-t-il, je serai dans un *no man's land*. Je le savais, mais j'avais besoin d'entendre quelqu'un me le dire. Finalement, il pense à une solution : « Va faire des photos d'identité et reviens dans trois heures avec 160 yuans. » À mon retour, il me tend mon passeport avec une nouvelle autorisation de séjour de 30 jours. C'est bien plus qu'il ne m'en faut.

Heureux et excité comme une puce, je m'en retourne à mon flotteur, laissé chez le docteur. Le trajet est le même qu'à l'aller, j'arrive seulement à esquiver le barrage et à prendre une autre route qui me dépose au bord du Mékong, sur la rive opposée au village. Je saute dans un bateau-taxi et, pour quelques yuans, je traverse le bassin de rétention d'eau dans sa largeur. Une fois sur place, je me sens bien, alors je me dis : pourquoi ne pas en profiter un peu ? Pendant quelques jours, je me balade, vais au marché, discute avec les habitants et fais la cuisine pour mes hôtes. Ce que j'ai gardé de ces quelques jours passés dans ce petit village, c'est que, à la demande du docteur, j'accompagne sa fille tous les matins à l'école proche de chez eux. Au début craintive et méfiante, la fillette finit par m'apprivoiser, de même que plusieurs professeurs, qui m'accueillent dans leur classe. J'assiste ainsi à des cours de musique, de mathématiques, de chinois, assis à côté des enfants. J'ai l'impression qu'ils n'y comprennent pas grand-chose de plus que moi. Assis dans le fond avec les indisciplinés, je replonge en enfance. Passer du temps à l'école en immersion totale, quel souvenir dingue ! Le soir, nous échangeons avec mes hôtes, nous jouons aux cartes. Un passe-temps qui peut coûter cher, parce qu'ils ne savent pas jouer sans parier de l'argent et boire de la bière, beaucoup de bière. Au bout de deux jours, la petite fille m'a totalement adopté, au point de me tenir fort la main pendant notre trajet à pied le matin. Un attachement auquel je n'ai pas forcément fait attention. On communique, enfin, on essaie. Elle parle en chinois et moi en anglais. Je ne sais même pas si elle comprend ce que je lui dis, mais on se sourit, et c'est bien le plus important.

Malheureusement, toutes les belles choses ont une fin. Il me reste encore un long parcours à effectuer avant d'atteindre la mer de Chine. Ce fameux matin, je me retrouve donc avec tout mon joli bazar, prêt à replonger dans les eaux du Mékong. Tous les habitants du village savent que je suis sur le point de les quitter. On redescend le petit chemin par lequel je suis arrivé quelques jours plus tôt. Je me retrouve à nouveau sur la jetée où j'ai rencontré le couple de pêcheurs. Avant de me lancer à l'eau, je prends le temps de dire au revoir à tout le monde, je les remercie pour leur accueil et leur écoute. Je les prends chaleureusement dans mes bras, une coutume qui leur est peu habituelle, mais qu'ils apprécient beaucoup.

Puis vient le moment de dire au revoir à mes hôtes. Je remercie le médecin et son épouse de m'avoir accueilli dans leur maison. La famille est au grand complet, à l'exception de... leur fille. Je demande où elle est. Le médecin me fait comprendre avec des signes qu'elle n'a pas voulu venir, parce qu'elle était trop triste. Mais il m'est impossible de partir sans la voir une dernière fois. Sa femme comprend et décide d'aller la chercher. La fillette de 5 ou 6 ans se présente devant moi. Je me mets à genoux pour être à sa hauteur et je la prends dans mes bras pour lui faire un gros câlin. Sa tête est posée sur mon épaule, et je sens alors ses petites larmes couler sur ma joue. Du coup, je pleure aussi. Sa simplicité, son partage, son insouciance m'ont bouleversé. Elle m'a fait confiance après seulement quelques regards. Elle a peut-être été ma plus belle rencontre. Les yeux de cette petite fille sont gravés dans ma mémoire à vie. Elle et moi pleurons comme des madeleines. Un moment triste et beau à la fois, mais surtout authentique. Chacune de ces rencontres inopinées a été sublime. Je sais exactement où ils habitent, et une chose est certaine, c'est que je souhaite vivement y retourner un jour pour les revoir, eux et leur petite fille devenue grande aujourd'hui et qui, j'en suis sûr, se souvient de ce moment.

J'aime repenser à tous ces instants partagés, même si la mélancolie entre en scène. Elle fait aussi partie du jeu. Bizarrement, je sais que sans ces milliers de rencontres, sans ces tranches de vie authentiques, tous ces défis fous n'auraient pas la même saveur. Ce goût sucré du partage, de l'entraide, de l'humanisme et de la sincérité sans filtre.

Cette expérience unique m'a permis de comprendre que l'authenticité est quelque chose de fort, de beau, d'intense. C'est ce que l'on appelle le *flow*, ou encore « vivre l'instant présent ». Rien ne peut perturber cette plénitude. Mais pour vivre cet état, il faut oser explorer son for intérieur, assumer ses émotions, savoir les ressentir, les donner, les transmettre. Il faut aussi savoir exprimer les choses telles qu'elles sont, sans les truquer, les déformer ni les exagérer.

L'authenticité, c'est aussi une magnifique clé pour choisir un chemin de vie dont on est l'unique randonneur. Ma seule ambition aujourd'hui est d'être qui je suis, sans travestir la réalité. Un pacte que je m'oblige à respecter autant dans mes relations sentimentales et amicales que professionnelles. Les personnes qui ont l'occasion de me rencontrer sont parfois surprises et rassurées de constater que je suis celui qu'elles imaginaient. Je ne joue aucun rôle, je reste moi-même, quoi qu'il arrive.

3

L'engagement

S'engager, c'est prendre parti pour une cause, dans une démarche liée à des moments de vie, à des partages qui nous ont touchés. C'est être convaincu de sa capacité à agir pour faire évoluer cette cause et apporter sa goutte d'eau dans l'océan.

Mais s'engager répond aussi à une envie d'être utile et d'agir pour les autres. S'impliquer pour un enfant, une femme, un homme que l'on connaît – ou pas – fait partie des essentiels. Être engagé, c'est oser mettre en avant sa conviction personnelle et vouloir la partager avec les autres. Savoir également l'assumer sans s'y perdre. L'engagement fait certainement appel à la part la plus intime de chacun. La volonté de se jeter à corps perdu dans sa passion. Être engagé à moitié, ça ne fonctionne pas. Quand on fait le choix de poursuivre un projet, quel qu'il soit, on accepte de s'y lancer à fond.

Alors, comment imaginer vivre toutes ces expériences de par le monde sans prendre conscience de ce qui se passe autour de moi ? Vivre en immersion dans des conditions différentes de celles que je connais, exotiques, inconfortables, voire dangereuses, cela implique aussi de faire le constat des dysfonctionnements de notre planète. Que ce soit en courant ou en nageant, j'ai été confronté à des environnements hostiles et sauvages que j'ai vus changer. En tant qu'aventurier explorateur, il est de mon devoir de le faire apparaître aux yeux du monde, d'où mes engagements multiples. Parmi toutes les causes auxquelles je suis extrêmement sensible, il y a celle de l'eau sur notre planète. J'ai pu me rendre compte des disparités qui existent d'un continent à l'autre. Le déclic m'est venu en Australie lors de ma première expédition.

Boire mon urine pour survivre dans le désert australien

Début 2012. Je viens de finir mes deux visites dans des communautés aborigènes et m'apprête à reprendre la route. Je quitte Yulara Resort, un petit complexe hôtelier dans lequel je viens de passer quelques jours. Deux solutions s'offrent à moi : soit je prends la route n° 4, la Leicester Highway, pour rejoindre la route n° 1 vers Alice Springs, soit j'emprunte la *back road* qui traverse le Watarrka National Park et fait tout le tour, également en direction d'Alice Springs. Il ne me faut pas longtemps pour me décider : je choisis la deuxième option. Je sais pertinemment que c'est un parcours où il n'y a rien, seulement un décor désertique, le bush australien dans toute sa splendeur. Pas de route au programme, que de la terre battue et du sable.

Je me lance à l'attaque de cette section, avec de l'eau, certes, mais malheureusement pas un stock suffisant pour l'affronter de manière confortable. Avec la chaleur et les conditions extrêmes, je me retrouve très vite à sec. Il ne me reste qu'un fond dans mes gourdes, et je sais pertinemment que ça va se corser. Bon an, mal an, j'avance. Puis, pendant quatre jours, je n'ai pas de quoi m'hydrater. Pour tenter de faire face à cette pénurie, je me mets à manger des herbes grasses. Des personnes m'ont dit : « Observe ce que font certains animaux, parce qu'eux aussi cherchent continuellement de l'eau. » Je me concentre donc sur les fameuses vaches australiennes avec une bosse sur le dos, qui mangent de l'herbe très grasse. Forcément, rien à voir avec une bonne rasade d'eau, mais ça permet d'avoir quelque chose de liquide dans la bouche. Malgré tout, au quatrième jour, je suis à bout. Plus aucune force, le regard qui baisse et un champ de vision qui se résume à un tout petit cercle, le reste étant totalement flou. Sans oublier ce mal de crâne insupportable qui me ralentit, ces douleurs partout dans les bras et dans les jambes qui m'empêchent d'avancer. Je suis comme un escargot perdu dans le bush australien.

Le pire, c'est la bouche pâteuse qui ne veut même plus ingurgiter quoi que ce soit tant elle est sèche. La seule chose qu'on sent, c'est le sable qui, transporté par le vent, vient se loger entre les dents. Mes yeux me brûlent, au point que j'arrive à peine à les ouvrir. Je prends conscience que le corps humain est composé à 60 % d'eau. L'utilité de cet élément si présent dans nos civilisations se fait sentir. Ce n'est plus une option, mais une nécessité vitale. Sans compter que l'on ne peut pas survivre longtemps sans eau, alors que l'on peut tenir plusieurs semaines sans nourriture.

C'est le quatrième jour, il est 9 heures et je n'ai toujours pas bu. Je suis au bord de la route et je décide de prendre mon appareil photo et de le poser sur un trépied pour faire un cliché de moi, souriant et heureux. L'idée est simple : si je viens à mourir, les personnes qui retrouveront mon cadavre sauront à quoi je ressemblais et pourront m'identifier plus facilement. J'avoue que je n'en mène pas large et qu'une foule d'idées me traversent la tête, des plus joyeuses aux plus macabres. Mais si je m'en sors, au moins j'aurai un joli souvenir de ce moment où ça n'allait vraiment pas.

Une fois la photo prise, je range mon appareil dans mon sac et je continue d'avancer. Quelques minutes plus tard, j'arrive dans une crique asséchée. Malgré l'aridité des lieux, j'espère trouver un soupçon d'eau. J'aperçois un *ghost gum tree*, arbre emblématique du bush australien. C'est un eucalyptus extrêmement intelligent et fascinant. Ses feuilles, orientées vers le bas dans la journée, se relèvent toutes la nuit pour capter la moindre humidité dans l'air. L'écorce de cet arbre endémique est toute blanche ; à certains endroits, les branches sont noires. En fait, il s'automutile pour survivre. S'il arrive à capter de l'eau dans la nappe phréatique, il fera pousser ses branches et ses feuillages. Si au contraire il n'a plus assez d'eau, il arrêtera de nourrir une branche et la laissera mourir pour sauver le reste. Un phénomène naturel tout simplement bluffant. C'est pour ça que j'aime tant observer la nature et apprendre d'elle. Donc, la présence de cet arbre indique qu'il y a de l'eau sous terre. Là, un gros dilemme se pose. Est-ce que je dois creuser ? Est-ce que je dois prendre le risque de m'épuiser encore un peu plus pour, peut-être, trouver de l'eau ? Cette fameuse jauge bénéfice/risque qui nous fait peser le pour et le contre...

Curieux et assoiffé, je creuse un peu, mais je m'arrête vite. Je me rends compte de la dangerosité de l'entreprise. Il faut absolument que je trouve une autre solution. Même si j'ai tout fait pour éviter cette option, je décide de prendre mon courage à deux mains. Je sors une bouteille vide de mon sac. J'urine dedans, en prenant bien conscience de ce que je suis en train de faire. Cela fait plusieurs jours que je n'ai pas bu, donc la quantité produite est ridicule. Je me rhabille, referme la bouteille et la secoue en me disant : « Non, ce n'est pas possible, je ne vais pas pouvoir faire ça ! » D'autant que je sais que mon urine est hyper-concentrée en toxines, vu que je ne me suis pas hydraté correctement depuis quatre jours.

Malgré tout, je me lance. Avant de boire ce liquide infect, mais indispensable à ma survie, je respire une énorme bouffée d'air par le nez pour ensuite ne respirer que par la bouche. L'objectif est de ne pas sentir l'odeur afin d'éviter de régurgiter et d'avoir fait tout ça pour rien. J'arrive tant bien que mal à tout avaler, mais l'odeur et le goût sont tellement insupportables que la boisson remonte aussitôt. J'ai juste le temps de serrer les lèvres pour ne pas recracher. Il aurait été dangereux, voire mortel, de laisser s'échapper ce liquide précieux. Ça a l'air idiot comme ça, mais pour moi c'est une victoire, même si je ne sais pas si cela va m'aider ou au contraire me desservir. Le flou total.

Cet épisode m'a appris une leçon : l'eau est un élément essentiel, vital et précieux dont il faut prendre soin. Personnellement, je n'ai connu ce manque que durant les cent jours de mon expédition, mais pour d'autres personnes dans le monde, c'est le quotidien. Lors de ce périple, quand j'avais suffisamment d'eau, j'en consommais entre 15 et 20 litres par jour. Une expérience inédite, mais tellement révélatrice de l'importance de cet élément naturel qui nous paraît évident. Je percute et me rends compte de cette chance que j'ai d'être européen, français, et d'avoir accès à une eau propre facilement consommable en quantité illimitée. Tout prend son sens, et je repense à ces pays dans lesquels l'eau est un trésor, protégé comme un tribut de guerre et convoité comme un butin inestimable. Avec le recul, je peux le dire : j'aurais été capable de tuer pour boire de l'eau. Pire, j'aurais même pu tuer quelqu'un pour le vider de son sang et sauver ma peau. J'ai vraiment compris ce que représente l'instinct primaire. Cet événement m'a tellement marqué que j'ai décidé de m'engager pour la protection de l'eau sur notre planète dans toutes mes aventures.

Si c'est en Australie que j'ai pris conscience de l'importance et de la rareté de l'eau, c'est en Asie et surtout en France que je me suis rendu compte de la manière dont l'être humain la traite. Malgré la multiplication des opérations de sensibilisation à l'écologie, beaucoup s'imaginent que la Terre sur laquelle nous vivons est inépuisable, et surtout irrespectable. Lors de mon tour de France à la nage, j'ai pu constater combien cette citation de Sitting Bull est exacte : « Lorsque la dernière goutte sera polluée, le dernier animal chassé et le dernier arbre coupé, l'homme blanc comprendra que l'argent ne se mange pas. »

Plonger au large de Cavalaire-sur-Mer pour remonter des pneus

Début septembre 2018. Je suis à la fin de mon tour de France à la nage. Il me reste une dizaine d'étapes pour boucler les 2 650 kilomètres de mon périple et fouler la terre ferme à Monaco. Je nage au large de Cavalaire-sur-Mer et reste concentré sur mon objectif : sensibiliser les citoyens à la pollution des mers et des océans. Même si beaucoup voient d'abord l'exploit sportif, qui est une réalité, je sais pourquoi je fais tout cela. Et c'est certainement ce qui me donne la force et l'énergie pour y arriver. Après le littoral du Nord, la Manche, l'Atlantique, me voici en pleine mer Méditerranée, et la vraie surprise a lieu.

Parmi toutes mes occupations, je suis nageur sauveteur en mer, et j'ai souvent surveillé cette côte méditerranéenne. Mais je n'ai toujours vu que la surface de l'eau, jamais les fonds marins. La surface, c'est magique ! Il y a du soleil, les vacanciers sont souriants, la mer est belle, tout va bien. En revanche, dès que l'on met la tête dans l'eau et que l'on regarde ce qui se passe en dessous, c'est moins festif. Le paysage change radicalement. C'est une véritable poubelle cachée, enfouie, invisible au premier regard. Il faut le dire : la Méditerranée est remplie d'immondices qui souillent nos fonds marins et détruisent une bonne partie de notre écosystème aquatique. Selon le *National Geographic*, la « grande bleue » présenterait des concentrations de microplastique quatre fois plus élevées que le septième continent. Cela fait d'elle la mer la plus polluée au monde. Chaque année, 130 000 tonnes de microplastiques s'amassent dans les eaux sous-marines. En surface, 80 % des déchets viennent de la terre. Point de départ de plusieurs grandes civilisations, la Méditerranée est l'un des réservoirs majeurs de la biodiversité marine et côtière. Elle accueille entre 10 000 et 12 000 espèces marines, dont 25 % sont endémiques. Quinze d'entre elles sont classées en danger critique d'extinction par l'Union internationale pour la conservation de la nature (UICN). Des chiffres qui semblent impossibles, effrayants même, et pourtant, c'est une réalité. Notre réalité !

Une réalité qui n'est d'ailleurs pas que française. La Méditerranée est bordée par une multitude de pays. En tout, vingt-trois pays y ont accès directement. Le problème de la pollution dépasse donc largement notre seul territoire. Pour preuve, cette expérience personnelle : lorsque j'ai nagé au large de la baie des Anges, entre Antibes et Nice, j'ai remarqué que beaucoup d'emballages retrouvés à la surface de l'eau portaient des inscriptions en italien. Une prise de conscience générale et des opérations conjointes sont plus que nécessaires si nous voulons réellement en finir avec cette gangrène qui nous tue à petit feu.

Au large de Cavalaire-sur-Mer, je suis donc en train de nager, comme tous les jours. La fin de la journée est proche et je commence à tirer la langue. Je n'ai qu'une seule envie, arriver et me reposer, mais j'aperçois quelque chose de bizarre au fond de l'eau. J'interromps ma nage, je plonge la tête, et non, je n'ai pas rêvé. J'interpelle Yann, le barreur de mon bateau de secours qui me suit au quotidien : « Eh, y a des pneus au fond, juste là ! » Lui, étonné : « Ah bon ? T'es sûr ? » Abasourdi par ma trouvaille, il décide d'arrêter le moteur du rafiot et de constater par lui-même. Il enfile ses lunettes de plongée et met la tête sous l'eau. Scotché, il est obligé de confirmer mes dires et m'annonce qu'il va plonger pour les remonter à la surface. « Mais t'es sûr que tu vas y arriver ? » lui demandé-je, interloqué. Sans réfléchir un seul instant, il me répond par un haussement d'épaules en marmonnant un « je sais pas », et le voilà parti à la rescousse des pneumatiques engloutis. L'observant depuis la surface, je le vois descendre, descendre et descendre encore. Une dizaine de mètres plus loin, il arrive au fond, attrape un pneu sous son bras et le remonte aussi sec. Ayant anticipé, je me suis décroché et je suis monté sur le bateau, prêt à hisser son trésor enfoui. Un, puis deux, puis trois, puis quatre. Finalement, ce sont six pneus qui seront remontés par Yann et stockés sur le bateau.

Une fois à bord, nous décidons de nettoyer notre pêche miraculeuse. En frottant, je sens une forme bizarre, collée sur le fond d'un des pneus. Tandis que je plonge la main pour l'extraire, quelque chose me file entre les doigts : c'était une petite pieuvre qui avait élu domicile là-dedans. J'essaie de l'attraper, mais elle m'échappe et retombe dans le bateau. J'arrive finalement à la prendre à pleines mains et à la remettre à l'eau. Instantanément, nous nous regardons, Yann et moi, en nous disant : « Et si on avait fait une bêtise ? » Tous ces pneus n'ont peut-être pas été balancés ici dans une mauvaise intention, mais pour repeupler les fonds marins ? Depuis les années 1980, près de 25 000 pneus stagnent au large de Golfe-Juan, dans les Alpes-Maritimes. Ils devaient initialement servir de récifs artificiels pour supporter la pêche locale. Une fausse idée puisque, depuis, un programme a été mis en place pour les exhumer. La science évolue, les mentalités aussi.

Il faut savoir que ce type de programme n'est pas propre à la Méditerranée. Aux États-Unis, par exemple, on a démonté des rames de métro complètement pourries, retiré le plastique et tous les composants jugés néfastes pour l'environnement, décapé la structure métallique pour ôter la peinture, et on les a jetées en pleine mer. Au fond de l'eau, ces trains ont permis à des coraux, à des poissons de recréer un habitat. Les algues et le lichen qui ont recouvert la structure ont favorisé le retour de la faune et de la flore sous-marines. De quoi redonner vie à la biodiversité.

Cette expérience *a priori* anodine m'a appris énormément de choses. Je me suis rendu compte qu'un geste écoresponsable peut toujours être à double tranchant et que l'engagement, quel qu'il soit, doit être réfléchi. Très souvent, il part d'une bonne intention, mais les dommages collatéraux peuvent être pires que l'action combattue. Ce que j'ai aussi appris, c'est que la nature est beaucoup plus forte qu'on ne l'imagine. Elle a un pouvoir d'adaptation phénoménal. C'est une sacrée leçon de vie, un bel exemple dont il faut s'inspirer si l'on veut réussir à vivre en symbiose avec elle. S'engager est une chose, mais il faut le faire intelligemment. Ne pas foncer tête baissée ni devenir dictateur d'une certaine pensée. L'engagement, c'est aussi ça : une philosophie de vie, et surtout une manière d'aborder les choses. Nous devons prendre le temps d'observer et rester humbles face à cette planète qui n'a pas vraiment besoin de nous. Quoi qu'il arrive, elle sait comment agir et réagir. Cela ne signifie pas que l'on peut faire n'importe quoi, mais simplement qu'il faut prendre conscience de cette force naturelle qui vit, respire, agit autour de nous.

Toutefois, ce n'est pas en Europe que j'ai été le plus choqué par ce fléau qui touche le monde entier. C'est lors de ma descente du Mékong, en Asie. J'ai alors été frappé par les conséquences tragiques de ce comportement irresponsable et frénétique de l'homme vis-à-vis de la nature. Il jette tout ce qui lui tombe sous la main et dont il n'a plus besoin, sans même se demander ce que cela devient, ni surtout ce que cela va impliquer dans le futur. Cela revient à scier la branche sur laquelle il est assis. À croire qu'il souhaite réellement son extinction.

Nager au milieu des déchets dans un bassin de rétention d'eau en Asie

Fin octobre 2013. Trois semaines que je nage depuis le Tibet, et je rencontre les premiers barrages hydrauliques chinois. Ce pays a commencé à construire ces édifices il y a une trentaine d'années seulement. Le premier bassin de rétention d'eau faisait 40 kilomètres de long. Chose incroyable, il a été une vraie réussite pour l'environnement, puisque les concepteurs ont su recréer un écosystème et que les animaux sont revenus. C'est par la suite que les barrages sont devenus de plus en plus gros, de plus en plus démesurés. Une multiplication catastrophique qui a perturbé le cours du Mékong, et donc le développement de la faune et de la flore vivant aux alentours.

L'autre écueil, c'est l'absence totale de communication auprès des riverains du fleuve. Comme personne n'a réellement changé de mode de vie, la gestion des ordures ménagères n'a pas été adaptée. Du fait de la répartition géographique et de la topologie du terrain, beaucoup, par facilité, ne prennent pas soin de trier leurs déchets comme ils devraient le faire. Le mode de consommation évoluant avec les années, il est difficile d'assurer la propreté des eaux fluviales. *In fine*, deux options existent pour traiter les détritus : soit les brûler, et c'est ce que beaucoup font, même si ce n'est pas une excellente idée, soit continuer à tout jeter dans l'eau, une solution de facilité et en même temps un piège à moyen et long terme. Il faut s'imaginer des milliers de personnes qui, presque simultanément, déversent leurs ordures dans le fleuve. Le résultat, ce sont ces énormes barrages de déchets qui se forment à l'intérieur des bassins de rétention d'eau.

Lors de ma descente, j'en ai rencontré deux. Le premier faisait environ 500 mètres de long sur 150 mètres de large et comprenait tous types de déchets : bouteilles en plastique, chaussures et claquettes, produits dérivés hospitaliers, bois et même animaux morts. Au-delà du spectacle, il y a l'odeur de putréfaction dégagée par tout ce qui macère dans l'eau. Sans oublier le problème des bidons et des contenants de produits chimiques, également jetés à la baille au mépris de leur nocivité. Là aussi, les conséquences sont graves et invisibles à l'œil nu.

La seule et unique obsession de la Chine depuis une trentaine d'années, c'est de booster son économie, à n'importe quel prix. Une course que ce pays semble avoir gagnée, puisqu'il fait partie du trio de tête, au détriment de sa propre santé et du développement durable. Mais tout en barbotant dans ces bassins de rétention bourrés d'ordures, je me suis posé la question : que ferais-je à leur place ? Quand j'ai demandé à des familles si elles adoptaient certains gestes salutaires pour l'environnement, leur réponse a été sans appel : elles devaient nourrir leurs enfants et avaient autre chose à faire que se soucier de la préservation de la nature. Dès lors que l'enjeu est de survivre, c'est une évidence, l'écologie semble futile et accessoire. La préservation de notre planète n'est définitivement pas la priorité de la majorité de la population mondiale, puisque le nombre de personnes souffrant de pauvreté et de malnutrition ne cesse d'augmenter.

Cette expérience en Chine a eu un double effet sur moi : non seulement j'ai constaté le manque de moyens pour informer les populations des dangers liés à la pollution des eaux, mais j'ai aussi compris que la première urgence, quoi qu'il arrive, reste de manger à sa faim et le plus correctement possible. Un constat à la fois alarmant et triste. Avec un souhait pour les années à venir : malgré les difficultés accumulées, qu'il y ait une vraie prise de conscience, chez les consommateurs comme au sein des institutions et des entreprises. Seules des actions collectives permettront de rétablir l'équilibre avec cette nature que j'aime tant.

Si j'ai été frappé par l'état de l'eau en Asie, je n'ai pas été déçu en Europe non plus. Lors de mon tour de France à la nage, je me suis rendu compte de l'impact de gestes négligents venus de la côte. À aucun moment je ne pensais vivre un jour ce que j'ai vécu. Une expérience qui a renforcé mes convictions et mon engagement pour l'écologie, et en particulier pour la protection de l'eau. Cela se passe en plein été 2018 au large des côtes basques, en face des côtes espagnoles. Un petit coin de paradis qui s'est vite transformé en un enfer hallucinant.

Voir un gyre au large de Biarritz

8 août 2018. C'est l'avant-dernière étape de mon périple dans l'Atlantique avant d'entrer dans la Méditerranée. Je nage comme un forcené au large des côtes landaises pour boucler l'étape quotidienne. Je passe l'Adour, un petit fleuve qui prend sa source dans les Pyrénées et se jette dans l'océan Atlantique au niveau de Bayonne. L'un des repères visuels indiquant que l'on se trouve à proximité d'un fleuve, c'est la couleur de l'eau. Elle passe de bleu à marron. Cela ne veut pas dire qu'elle est sale, mais que le courant embarque des tonnes de terre, de limon et de micro-organismes captés dans le lit du fleuve – à la différence d'une eau de montagne qui, elle, ne draine rien, puisque son lit est fait en très grande majorité de cailloux. Cela ne signifie pas qu'il n'y a pas de déchets. La France ne fait pas exception, et, même si nous ne jouons pas dans la même cour que certains pays d'Asie, nos cours d'eau souffrent aussi de cette pollution humaine

et industrielle. Un détail qui ne vous échappe pas quand vous êtes immergé jusqu'au cou.

Une fois l'Adour passé, j'arrive à Biarritz, ville escale. Nous avons prévu d'y rester deux jours pour y donner l'une des conférences programmées afin de sensibiliser le grand public à la préservation de l'eau. Le 10 août, je reprends donc la route, si l'on peut dire. C'est la dernière étape avant de passer à la partie méditerranéenne. Destination du jour : Hendaye. Je suis au large de la côte, je nage, et tous les 50 centimètres, mes mains tombent sur des déchets plastiques qui flottent tranquillement à la surface. Un vrai bouillon. Une vision surréaliste, puisque je n'imaginais pas du tout que je ferais ce type de découverte. Je prends alors conscience que je me trouve au beau milieu d'un gyre au large des côtes françaises. Même si je connaissais l'existence de ces mers de plastique un peu partout dans le monde, je ne pensais pas qu'il y en avait en France. Plus je nage, plus je sens cette masse de déchets accumulés former une grande nappe visqueuse et flasque dans laquelle je progresse.

Un « gyre » océanique est un gigantesque tourbillon d'eau océanique formé par un ensemble de courants marins – le mot vient du grec ancien *gyros*, qui signifie « anneau ». Ces tourbillons sont provoqués par ce que l'on appelle la force de Coriolis. Il existe cinq gyres océaniques majeurs, dont celui de l'océan Indien et celui du Pacifique Nord. Grâce à mon tour de France à la nage, j'ai pu me rendre compte de mes propres yeux que ces phénomènes ne sont pas réservés aux océans lointains.

Premier jour de course en Australie

Je vous entends déjà rire. J'ai 26 ans, pas forcément très confiance en moi, mais ma détermination à traverser l'Australie en courant est intacte.
Me voici devant la maison de Paul Parrotte, quelques dizaines de minutes avant le grand départ.

Douche chaude naturelle bien méritée au bord de la Stuart Highway

La fin de l'aventure australienne s'annonce plus compliquée que ce que je pensais. À 400 kilomètres de l'arrivée, les conditions météorologiques commencent à changer, laissant place à un déluge, puis à un ouragan…
La pluie et le vent sont si forts que plusieurs voies, notamment la ligne de chemin de fer et quelques routes, sont arrachées.
Je profite de l'eau accumulée dans le bush après le passage de l'ouragan et qui, chauffée par le soleil, coule sur le bas-côté. On la distingue à peine : la route est sur la droite, à quelques mètres.

Faire une pause sur une aire de repos au milieu du bush australien

Les journées en Australie sont relativement chaudes. Les températures peuvent atteindre 50 °C en plein soleil. Quand l'occasion se présente, je profite d'un abri construit sur le bord de la route pour me protéger du soleil.
Si vous regardez bien mes pieds, et la différence dans le bronzage…, vous imaginez facilement que l'ensoleillement est fort !

Barrage de déchets sur un bassin de rétention d'eau en Chine

Ce qui m'a le plus surpris dans cette aventure, ce sont les milliers de tonnes de déchets qui sont déversées quotidiennement par la population, faute d'infrastructures, faute de choix politique.
Il n'est donc pas rare de voir des nappes de détritus qui jonchent la surface de l'eau. On observe des bouteilles en plastique, du polystyrène, des produits phytosanitaires, mais surtout beaucoup d'emballages. Pas facile de sensibiliser cette population qui a d'autres priorités, dont la survie, entre autres…

Ramasser du riz en Chine

Lors de cette journée de récolte du riz, j'ai eu la chance de rencontrer des villageois en plein travail. Ils m'invitent à manger avec eux, mais je ne peux pas rester planté là, à les regarder. Alors, je m'improvise céréalier, le temps d'une journée.
Les hommes frappent de toutes leurs forces les épis de riz pour les faire tomber. Un travail particulier, qui demande beaucoup d'énergie.

Rencontrer des moines laotiens sur les rives du Mékong

C'est l'une de mes premières rencontres après un mois et trois jours d'arrêt forcé dans la capitale laotienne, Vientiane.
Je les dérange en pleine toilette dans le fleuve. Après cette photo, ils me proposent de venir dormir au temple, pas très loin de la statue de Bouddha. Une chance pour moi, car cela me permet d'avoir un toit pour la nuit, de partager un repas, et un verre de l'amitié. Sur la photo, l'homme à côté de moi est responsable du temple. Il ne connaît que quelques mots d'anglais.

Passage du Xayaburi, premier barrage laotien sur le Mékong

Depuis la création des barrages hydroélectriques en Chine, les tensions sont palpables à l'approche des infrastructures. Après m'avoir arrêté en amont, les autorités en charge de la sécurité me proposent de m'escorter sur une pirogue pour une plus grande sécurité.
C'est le comble : le moteur s'arrête en plein milieu du Mékong, nous voici obligés de hurler pour que les personnes restées sur la berge nous viennent en aide avec une autre embarcation !

Bivouac improvisé sur les rives du fleuve

Ce qui est le plus difficile dans cette aventure, c'est de trouver un spot proche de l'eau sans avoir à m'aventurer trop. Il faut être discret et respecter la population locale. Pas simple d'accueillir un étranger dans son village, surtout avec son équipement !
Ce soir-là, je trouve refuge dans une cabane en bambou avec vue sur le fleuve.

Rencontrer les habitants d'un village cambodgien

Le passage au Cambodge est simple pour moi. En effet, le fleuve ne fait plus office de frontière, mais traverse le pays en son centre, ce qui signifie davantage de contrôles par les autorités laotiennes ou thaïlandaises. Je m'arrête dans ce village très paisible au premier abord. Chaque fois, c'est le même schéma : je rencontre une personne qui s'empresse d'aller en parler à une autre, etc. Me voici dans une maison sur pilotis, celle du chef du village. Nous partageons un repas avec du riz et des poissons pêchés à proximité. Tous les villageois sont agglutinés en bas de la maison pour rencontrer l'homme blanc poilu qui descend le Mékong avec un drôle d'équipement jaune et bleu.

Départ de Phnom Penh

Vingt-huit heures et quarante minutes non stop pour arriver dans la capitale cambodgienne. Un effort qui a meurtri mes pieds, m'imposant quelques jours de repos. Cette photo a été prise au petit matin, par Josh, mon ami qui vivait à Phnom Penh. J'étais excité à l'idée qu'il ne me restait plus que 300 kilomètres pour boucler cette aventure. Une étape de quatre jours. Enfin… c'est ce que je pensais, mais c'était sans compter les effets de la marée qui affectent le fleuve jusqu'à la capitale.

Les derniers mètres sur le Mékong

4 400 kilomètres plus bas, l'eau a enfin un goût salé et devant moi se dresse une vaste étendue, c'est la mer de Chine.
Je remonte le bras de mer pour me rapprocher de la rive. Je laisse derrière moi l'escorte composée de trois soldats qui ont peur pour ma sécurité.
Je termine couvert de boue, fatigué, avec 14 kilos en moins au compteur.

Sortir de l'eau après six mois d'aventure

Voici l'une des premières photos prises par Josh Galt, lorsque je sors de l'eau. Il n'y a pas grand monde à l'arrivée, seulement quelques visages familiers, mais je garde en mémoire ce moment suspendu dans le temps qui clôture des milliers de kilomètres de descente.

Champagne ou cognac, une drôle de façon de célébrer la fin du Mékong

© Josh Galt

Mon ami, Albin Roux, travaillait en 2014 pour une célèbre maison de cognac qui porte mon nom : le cognac Camus ! Il m'apporte donc une bouteille de XO Camus en guise de trophée, après que j'ai bouclé mon périple de 4 400 kilomètres.
Et vous savez quoi ? La bouteille est toujours chez moi, intacte, avec encore la trace de ma main qui était couverte de boue.

Les marchés terrestres et flottants, sources de rencontres et d'échanges

© Josh Galt

La photo est prise au Vietnam : on voit bien les différents étals jonchés sur les bords du Mékong. Parfois, si vous êtes chanceux, vous pouvez même apercevoir des bateaux transportant des fleurs de toutes les couleurs. Je rêverais d'être un oiseau pour contempler ce tableau depuis le ciel.
La plupart du temps, les personnes me prennent pour un extraterrestre lorsque je viens acheter des marchandises sur leur stand. Elles ne sont pas habituées à voir un homme avec un équipement de grenouille jaune et bleu.

Une partie des bénévoles du tour du littoral à la nage

Une seule personne a nagé autour de la France, mais c'est grâce au collectif que j'ai été capable d'y parvenir. Les bénévoles m'ont encouragé, poussé à aller encore plus loin. Sans leur aide, jamais je n'aurais réussi ce pari fou de faire le tour du littoral français en nageant. Merci à eux !

Avec mon père, à Monaco, à l'arrivée

C'est un moment que je garderai toujours en mémoire. Mon père, qui sort très rarement de chez lui, a fait le déplacement sur la plage du Larvotto pour m'accueillir. Je n'ai vu que deux fois mon père pleurer : la deuxième fois, j'étais dans ses bras.

La position géographique du gyre que j'ai rencontré est propice à la collecte des déchets. Il suffit de regarder une carte d'Europe pour comprendre le phénomène. La marée évolue parallèlement à l'Équateur. Sachant cela, on voit que, en marée montante, le courant venant de l'océan Atlantique s'appuie d'une part sur le nord de l'Espagne et d'autre part sur la pointe bretonne. Cette dernière sépare le courant en deux, l'un partant vers le nord et longeant les côtes normandes jusqu'à la Manche, et l'autre repartant vers le sud rejoindre le golfe de Gascogne. La rencontre de deux courants – le premier longeant la côte espagnole et le second redescendant le long des côtes atlantiques – crée ce fameux gyre au large de Saint-Jean-de-Luz, concentrant tous les déchets à cet endroit.

Partagé entre la surprise et la désolation, j'avance coûte que coûte au milieu de ces détritus, égarés au large des côtes comme des zombies errant sans destination précise. Un spectacle auquel j'assiste, impuissant. Tous les déchets que je croise sur mon parcours portent des inscriptions en français, mais également en espagnol, car les côtes ibériques sont proches. Bien entendu, je ne critique personne, ni l'Espagne, ni la France, mais le comportement des consommateurs se retrouve dans les océans et laisse des traces indélébiles sur la nature. La problématique du traitement des déchets et de la protection de l'environnement en général n'est pas nationale, mais universelle, globale. Il suffit d'un minimum de prise de conscience et de responsabilité de la part de chacun.

Chaque jour qui passe est pour moi une occasion de changer le monde en expliquant, en vulgarisant, en apportant les preuves de cette pollution, et surtout des solutions simples et accessibles à tous. D'où le slogan de cette aventure à la nage : ce qui se passe là-bas nous concerne ici. Une manière de dire que ce n'est pas parce que nous fermons les yeux sur les incivilités à l'autre bout du monde que nous n'en payons pas la facture. Les déchets déversés dans le fleuve Mékong peuvent se retrouver en France, aidés par les courants marins. Le cerveau humain a tendance à oublier que nous sommes tous responsables de ce qui se passe sur cette planète. L'effet papillon n'est pas qu'une vue de l'esprit. Je l'ai vu et vécu en nageant pendant plus de cent jours au milieu des immondices. Et si seul, on va vite, à plusieurs, on va loin. J'y crois et je ne lâcherai rien. Mon engagement est total. La situation est bien trop grave pour baisser les bras. Beaucoup d'initiatives isolées sont menées un peu partout dans le monde, mais, quand on y pense, il suffirait de ne plus jeter ses détritus dans la nature pour que le problème soit résolu. C'est fou !

Quand on se lance dans des défis insensés comme les miens, il faut s'accrocher, et la détermination est cruciale. Mais il y a une chose qui booste et qui permet de se dépasser, c'est de se sentir soutenu. Cela fait dix ans que je vis ma passion, et je sais que je n'y serais jamais arrivé seul. Il y a eu celles et ceux qui m'ont accompagné physiquement, techniquement, mentalement, et il y a celles et ceux qui ont été là autrement, à leur manière. Tous m'ont démontré leur amour et leur volonté de m'aider à repousser mes limites. Ils se sont engagés à mes côtés, de près ou de loin, toujours dans un état d'esprit bon enfant et positif. Et puis il y a Albin Roux. Un moment rare et précieux dans mon aventure sur le fleuve Mékong.

Avoir le soutien indéfectible et le coup de main d'Albin Roux, un ami lointain

En me préparant pour mon expédition en Asie du Sud-Est, je savais que ça allait être difficile et intense. Je savais que j'allais avoir besoin d'autre chose que d'une logistique bien huilée et à la pointe. Je savais que l'humain allait être, une fois de plus, déterminant, comme il l'avait été en Australie. C'est pour cette raison que j'ai accueilli chaque geste d'encouragement, quel qu'il soit, avec énormément de gratitude. Albin fait partie de ces personnes que j'ai connues dans mon enfance et que j'ai perdues de vue avec le temps. Un ami d'école dont je n'avais plus eu de nouvelles depuis des années. On était dans le même collège, à Saint-Florent-sur-Cher. Pas dans la même classe, mais dans la même cour. Et ça joue beaucoup. Il vivait à une vingtaine de kilomètres de chez mes parents à vol d'oiseau.

L'histoire de la vie est plutôt bien écrite. Lorsque j'ai commencé mon aventure sur le Mékong, la presse locale en a parlé en me présentant comme l'enfant du pays parti à l'autre bout du monde pour réaliser un défi sportif et humain hors norme. Alors que je suis en Chine, je reçois un message de ce fameux Albin *via* les réseaux sociaux : « Salut Rémi ! Je ne sais pas si tu te souviens de moi, mais on était dans le même collège. Après mes études, j'ai continué ma vie. Je suis parti vivre à Hong Kong pendant quelques années, et maintenant je vis à Hô Chi Minh, au Vietnam. Et si j'ai bien suivi, c'est la dernière ville dans laquelle tu dois arriver, à la fin de ton aventure. Donc, voilà, j'aimerais pouvoir t'aider d'une manière ou d'une autre à ton arrivée. Si tu as besoin de quoi que ce soit, n'hésite surtout pas. » J'avoue avoir été surpris par ce message sorti tout droit de mon passé et tellement touchant. Que ce type que j'ai connu lors de mes années collège reprenne spontanément contact avec moi et qu'en plus il se trouve sur mon chemin lors de ce défi est tout bonnement incroyable.

13 avril 2014. Alors qu'il ne me reste plus que deux petits kilomètres sur les 4 400 prévus au compteur, je me dis : « Rémi, c'est une stupidité de terminer ton périple à cette heure-ci. » Effectivement, il est 21 h 30. Je décide donc, pour la dernière fois, de chercher un endroit pour bivouaquer. En scrutant les environs, j'aperçois un ponton sur lequel se tiennent deux types en train de fumer une cigarette. Je jette mon dévolu sur ce petit coin, qui a l'air sympathique. Je ne me doute pas que je me

trouve dans le quartier haute sécurité de la Navy, seul endroit à éviter. Tant bien que mal, j'arrive à leur expliquer ce que je fais ici et pourquoi je passe ma vie dans l'eau depuis plusieurs semaines. Les deux hommes finissent par m'accompagner jusqu'à un hôtel. Là, je leur explique que le lendemain matin, je dois être au bord de l'eau très tôt pour ne pas subir les effets de la marée. Ils me promettent de venir me chercher à la première heure. Promesse tenue. Mais tandis que je me prépare à me remettre à l'eau, en combinaison et planche à la main, je me rends compte que tout le personnel de la sécurité a changé. Et le responsable du jour ne l'entend pas de cette oreille. Il s'approche de moi et me dit : « Bon, tu prends le prochain bus pour Ho Chi Minh City. » Un peu fatigué et irrité, je lui réponds calmement : « Écoutez, monsieur, je ne me suis quand même pas tapé 4 398 bornes à la nage pour craquer à deux pauvres kilomètres de l'arrivée ? »

Face à la rigidité de l'homme que j'ai devant moi, je repense subitement à mon ami d'enfance, Albin, qui m'a dit de faire appel à lui en cas de besoin et dont la femme est vietnamienne. Sans hésiter, j'attrape mon téléphone et je lui explique la situation : « Albin, est-ce que ta femme pourrait expliquer aux autorités qui me bloquent ce que je suis en train de faire ? Je veux juste pouvoir me remettre à l'eau et boucler les deux bornes qu'il me reste, ce n'est pas la mer à boire ! » L'échange téléphonique dure une demi-heure ; ils acceptent enfin de me laisser reprendre ma nage. Ni une ni deux, je saisis mon flotteur sans demander mon reste et m'approche du bord de l'eau. Tout à coup, je vois débarquer une navette de la Navy avec quatre hommes à bord. Non seulement elle vient à ma rencontre, mais elle va m'escorter sur ces fameux deux derniers kilomètres. Un moment marquant, à la hauteur de toutes les péripéties que j'ai vécues.

Arrivé à ma destination finale, je suis obligé de sortir de l'eau en rampant. Je me relève et je vois un visage que je ne connais pas, mais qui semble amical. C'est celui de la femme d'Albin. Celle-là même qui m'a sauvé la mise quelques minutes auparavant. Juste derrière elle, je croise le regard de son fils et celui d'Albin. Une foule de pensées me traversent l'esprit. Et même si je suis rincé, épuisé par la distance parcourue, je suis heureux de voir qu'Albin a tenu sa promesse. Il s'était engagé à être présent à mon arrivée. Alors que nous nous sommes perdus de vue depuis tant d'années, le destin nous réunit à nouveau, à l'autre bout du monde, en une vision surréaliste. Josh et son amie Yuri ont également fait le déplacement jusqu'à l'embouchure du fleuve. Avec Albin, ils ont confectionné une banderole en mon honneur. Et puis le charme asiatique s'incarne : un monsieur portant une belle chemise blanche souhaite juste que je lui serre la main, malgré la boue collée sur mon corps. Après une photo souvenir avec tout le monde, Albin sort une bouteille de champagne qu'il ouvre à la façon d'un pilote de Formule 1 finissant premier sur la ligne d'arrivée.

Une fois le cérémonial terminé, mon camarade d'enfance s'approche de moi : « Rémi, j'ai un cadeau pour toi ! » Étonné et curieux, j'écarquille les yeux et je le vois sortir un grand coffret qu'il me tend. Sans plus attendre, j'ouvre le coffret pour découvrir son contenu. Surprise : c'est une bouteille de cognac. Durant ses études, il s'est spécialisé dans l'œnologie et il est devenu commercial dans les vins et spiritueux. Il m'explique que, après une escale professionnelle à Hong Kong, il a atterri au Vietnam, où il a rencontré sa femme, et a été recruté dans une société française qui porte le même nom que moi. Voilà comment je me retrouve, après des milliers de kilomètres parcourus à la force de mes bras, avec une bouteille de cognac XO Camus. Même si j'avais voulu le faire, je n'y serais pas arrivé.

Cette expérience m'a appris une chose importante : la vie met toujours sur votre chemin des personnes qui vous ressemblent et qui, même des années plus tard, peuvent vous aider. Pas besoin d'être attendu par une foule immense pour que l'arrivée soit magique. Quelques belles âmes suffisent à vous réconforter et à vous prouver que le chemin que vous avez choisi est le bon. Albin m'a proposé de séjourner chez lui et de m'accompagner partout où j'avais besoin d'aller. Grâce à lui, j'ai pu rencontrer plein de médias vietnamiens auxquels raconter mon aventure. L'engagement qu'il avait pris sur les réseaux sociaux, il l'a tenu haut la main. Je ne l'oublierai jamais.

Être aventurier explorateur, c'est vivre des expériences inédites, partir à l'autre bout du monde pour découvrir des environnements différents, dangereux, sublimes, et les partager avec les autres. Mais c'est aussi user de cette liberté incroyable pour devenir le porte-parole de causes souvent mal connues, voire inconnues du grand public. Il y a un engagement dont je suis très fier : depuis maintenant une décennie, je suis le parrain officiel de l'Association française du syndrome de Lowe. C'est une structure que j'ai connue dans mon ancienne vie et que je soutiens sans relâche depuis. À l'origine de ce coup de cœur, une rencontre qui a bouleversé mon existence, et surtout mon approche de la vie.

S'engager pour faire connaître une maladie génétique rare : le syndrome de Lowe

2011. Je suis maître d'hôtel dans un grand restaurant étoilé situé à Thoiry, à une quinzaine de kilomètres de Genève. Le rythme est intense : je travaille du mercredi au samedi, midi et soir, et le dimanche midi. Alors, pour décompresser et tenir le coup, avec ma collègue Sonia, on organise tous les dimanches après-midi des apéros mojito qui, très souvent, se prolongent tard le soir. Elle habite tout près du restaurant avec son mari et nous accueille volontiers chez elle.

Sonia partage son jardin avec ses voisins, Nathalie et Anthony. Un dimanche parmi tant d'autres, ces derniers se joignent à nous pour profiter de l'ambiance festive et bon enfant. Ils sont accompagnés du fils de Nathalie, qui s'appelle Joris. Il a 16 ans et semble un peu réservé, timide. Je remarque vite chez lui quelque chose de différent. Un peu gêné, j'ose tout de même poser la question à sa mère. Nathalie m'explique que son fils souffre d'une maladie héréditaire rare, le syndrome de Lowe, aussi appelé syndrome oculo-cérébro-rénal. C'est une maladie multisystémique qui entraîne des anomalies des yeux, du système nerveux et des reins. Elle est liée au chromosome X et affecte toutes les ethnies, avec une fréquence estimée à une personne sur 500 000. Je comprends mieux le comportement de Joris, et je prends aussi le temps de discuter un peu avec lui.

La soirée terminée, je rentre chez moi et je me précipite sur Internet pour en savoir plus sur cette maladie. Je finis par tomber sur le site de l'Association française du syndrome de Lowe. Je découvre une foule d'informations et je note le contact de Philippe Ferrer, le président. Je décide alors de lui envoyer un courriel. Après m'être présenté, je lui explique que la cause qu'il défend avec son association m'intéresse et que j'ai eu la chance de faire la connaissance de Joris et de sa maman. Je l'informe également de l'aventure personnelle incroyable dans laquelle je me lance quelques semaines plus tard, puisque je vais tout lâcher et vivre mon premier grand défi en tant qu'aventurier explorateur. Enfin, je lui propose de porter les couleurs et surtout les valeurs de sa cause à l'autre bout du monde, en Australie, destination de ma première aventure. Et qui sait ? Peut-être rapporterai-je un peu d'argent récolté au fil de mon parcours. Je n'ai qu'une motivation : faire connaître cette maladie et venir en aide, du mieux que je peux, à cette belle cause. C'est toujours plus frappant lorsqu'on a vu et touché une réalité de près, et la rencontre avec Joris m'a bouleversé. Je suis aussi conscient que ce que je m'apprête à accomplir fait rêver les petits comme les grands. Oser tout quitter pour vivre quelque chose qui semble inaccessible, avec cette idée de dépassement physique et psychologique : tous les éléments sont réunis pour relever un beau défi. Cela me semble alors une évidence.

En fouillant un peu, je me rends compte que cette maladie orpheline fait partie d'une liste impressionnante de maladies dont beaucoup ignorent l'existence. Ce constat me motive davantage encore et me donne une force inimaginable. En plus du dépassement de moi-même, je peux viser un autre objectif, et non des moindres : devenir le porte-parole d'une cause consistant à lutter contre l'injustice dont sont victimes les centaines de milliers d'enfants et d'adultes touchés par ce syndrome. Je prends aussi conscience de la place de l'invisible dans notre société. Qu'il s'agisse de maladies, de problèmes environnementaux ou autre, si l'on ne s'y intéresse pas, on peut passer toute sa vie sans même savoir que cela existe. En cliquant sur ma souris pour envoyer ce mail, je n'ai qu'un seul désir : obtenir une réponse de Philippe Ferrer.

Il y a un autre élément important dans cette démarche : je sais que cette première grande aventure sera difficile par définition, puisque c'est la première. Je n'ai aucune expérience et je vais découvrir ce que signifie souffrir, être confronté à de nouveaux challenges. Devenir un représentant de cette association est aussi une manière de m'interdire d'abandonner, de jeter l'éponge – en quelque sorte, une manière de m'aider à dépasser mes limites. Cela, je l'ai vite compris. Motivation ? Respect ? En tout cas, je vais avoir terriblement besoin de cette forme d'engagement, je le sais, je le sens.

Très rapidement, je reçois non pas une réponse écrite, mais un coup de téléphone de Philippe. Il m'avoue avoir d'abord été un peu surpris de ma démarche. Il a même pensé à une blague. Plus nous discutons, plus il se rend compte du sérieux de ma proposition. Au bout de quelques minutes, il me donne son feu vert. Nous ne nous sommes même pas rencontrés physiquement. C'est certainement le plus fou dans cette histoire. Tout s'est fait par téléphone.

Quelques mois plus tard, je pars donc vivre mon aventure, que Philippe suit de manière assidue. Une fois rentré en France, je le contacte pour lui raconter mon périple et lui remettre un chèque. En effet, j'ai pu récolter des fonds tout au long de ma course grâce à une banderole accrochée sur ma carriole : « *Running for charity* ». Philippe me rappelle immédiatement : je tombe à pic, puisque l'assemblée générale de l'association doit se tenir quelques jours plus tard à Lyon. Nous sommes alors en 2012, et je n'habite pas encore dans cette ville.

Sans hésiter, je descends donc à Lyon avec ma remorque et toutes mes affaires, sans oublier le chèque, bien entendu. Dans la ville d'Écully, je rencontre les enfants de l'association. L'occasion pour moi de partager avec eux le récit de mon aventure et toutes les émotions que j'ai vécues là-bas. Je conclus mon exposé sur ces mots : « Voilà, lors de ce périple unique, j'ai pu récolter des fonds pour votre association et aider les bénévoles et les enfants qui en font partie. Je suis très heureux et très ému de vous remettre ce chèque de 1 500 euros. » Je me souviens très bien de cet enfant qui s'est alors approché de moi. Les larmes aux yeux, je lui ai remis ce bout de papier. L'enfant m'a regardé et m'a dit : « Mais il ne faut pas pleurer, monsieur !

– C'est juste que je sais ce par quoi je suis passé pour rapporter cette somme jusqu'ici. Je suis tellement fier d'avoir tenu mon engagement et de ne pas avoir lâché ! »

Quelque temps plus tard, j'en ai reparlé avec Philippe, et il m'a avoué une chose : le jour où il a reçu mon mail, il l'a transféré aux membres de l'association. « Tout le monde s'est demandé, moi compris, si ce n'était pas un canular. » Même après m'avoir eu au téléphone, et même plus tard, après notre appel à plusieurs alors que je me trouvais en Pologne, ils n'y ont pas cru. Malgré tout, ils ont suivi l'aventure et, au fur et à mesure des étapes que je franchissais, ils ont compris : « Mais il est vraiment en train de le faire ! » Ainsi, lorsque nous nous sommes rencontrés en chair et en os et que tout le monde m'a vu arriver avec ma copine la remorque, l'émotion a pris le dessus. Je me souviens encore parfaitement de cet instant, chaleureux et vrai. Ce sont des moments que l'on vit rarement dans une existence. Être aventurier explorateur, c'est aussi cela : s'engager et tenir sa parole, ne pas laisser tomber, honorer ces valeurs et ne pas baisser les bras, jamais. Selon moi, là se trouve la véritable signification de l'engagement. Quoi qu'il en coûte, oser aller au bout de ses rêves pour donner envie à d'autres de vivre l'aventure et de s'engager à leur tour, tout en faisant en sorte que cette démarche ait une utilité au-delà de soi-même.

Quand on est jeune et que l'on est porté par de nombreux rêves et envies, on n'a pas forcément conscience de tout ce qui nous entoure. On peut prendre parti pour une cause, mais cela n'a pas autant de poids que lorsqu'on choisit de le faire à un âge plus avancé. S'engager, c'est concrétiser une pensée, une idée. C'est donner vie à ce qu'on a dans la tête, caché quelque part au fond de notre cerveau.

L'engagement, c'est aussi tenir ses promesses. Durant toutes mes expéditions, j'ai appris à rendre possible l'impossible. C'est ce qui s'est passé avec l'association pour le syndrome de Lowe. C'est grâce à ma curiosité et à mon envie de donner aux autres que j'ai pu vivre à fond mes aventures.

Lorsqu'on s'engage, imaginer que cela sera sans impact sur sa vie est une erreur. Si on le fait pleinement, alors le message devient crédible, audible et clair. Toute l'énergie que l'on investit dans cette démarche personnelle se transforme en un tsunami de joie et de bonheur partagés.

Comme l'illustrent les valeurs que je cultive et qui font ma personnalité, je n'ai jamais été partisan des idées extrêmes. Je fais toujours attention, dans mes choix, à ne pas tomber dans le piège facile de l'apparence. Pour cela, il faut aller au fond des choses et bien en comprendre la mécanique avant de prendre une décision. S'imaginer que le monde peut changer simplement parce qu'on s'y engage est une idée folle et erronée. *Step by step*, en toute humilité !

Cette notion d'engagement a profondément modifié mon rapport aux autres. J'ai du mal à accepter que l'on me promette quelque chose en sachant qu'on ne pourra pas tenir parole. Un changement radical qui m'a appris à être exigeant avec moi-même et à utiliser les mots justes. J'ai pris conscience du fait que l'autre ne pense pas et surtout ne comprend pas de la même manière que moi. Même si j'ai encore un peu de mal à exprimer mes émotions et mes sentiments, j'y travaille au quotidien, refusant de me laisser aller au mal du siècle : le manque de communication.

4

La motivation

La motivation fixe des objectifs suffisamment clairs et accessibles pour que se mette en place une stratégie visant à les atteindre. En sus de cela, c'est la remotivation qui est déterminante.

Il est toujours facile de rester motivé lorsqu'on est dans une bonne dynamique et que tout fonctionne bien. Mais c'est un idéal, et l'idéal n'existe pas. Il faut prendre des claques, vivre des échecs pour grandir et avancer. Le risque est alors de se démotiver. Et qui dit démotivation dit perte d'envie, d'énergie et d'élan. Se remotiver, c'est réussir à trouver la petite étincelle qui permet de rebondir rapidement. C'est ce que l'on appelle la courbe du changement, ou encore la courbe du deuil. Parvenir à se relever après un choc émotionnel : telle est la recette de l'aboutissement assuré.

Le plus difficile dans toutes mes aventures, mais aussi dans mon quotidien, ce n'est pas d'avoir l'envie ni de mettre en place des projets. Comme pour n'importe qui sans doute, c'est de trouver la motivation, et surtout de la garder intacte. C'est à cela que l'on voit si l'on est réellement taillé pour ce type de vie. Lorsqu'on réussit son pari, on devient celui qui est allé au bout. *A contrario*, quand on abandonne, on représente l'archétype de l'échec aux yeux des autres. La manière dont j'aborde le début de chacune de mes expéditions est donc très importante. Même si elles semblent toutes différentes, il existe un gimmick, une petite routine qui comptent beaucoup.

Prendre le départ de mes aventures et trouver l'impulsion pour me lancer

Octobre 2011. Je suis à Melbourne pour m'élancer dans ce qui va être ma première folie, mon premier défi, ma première aventure. Je ne sais pas du tout comment cela va se passer, mais cette fois, j'y suis. Je ne peux plus reculer. Accompagné de ma fameuse remorque fabriquée avec mon père, en kit dans un carton imposant, je passe la douane tant bien que mal. Les douaniers contrôlent mes affaires, tiquent sur les produits déshydratés et sur ce fameux colis dont je ne peux pas me passer. Ils m'interrogent aussi sur mon couteau de survie, m'informant qu'ici, en Australie, ce genre d'arme blanche est interdit. Après leur avoir expliqué ce que je viens faire, je finis par passer les contrôles et je me mets immédiatement à construire mon engin pour me délester du carton. L'aventure commence réellement. En plus du stress de l'inconnu, j'ai la pression de la police de l'aéroport, qui m'indique qu'elle va prévenir tous les postes de police des régions où je dois passer qu'un Français a décidé de traverser leur pays à pied. Une fois mon atelier de bricolage terminé, je me dirige vers la maison d'un certain Paul Parrotte. J'ai fait sa connaissance sur un site de *couchsurfing* et c'est chez lui que je passe les trois premières nuits avant mon départ.

La veille du grand jour, je prépare toutes mes affaires, je vérifie tout mon matériel. Mes batteries sont chargées. Je suis prêt à m'élancer à la conquête de cette île-continent. Je dois avouer que deux sentiments m'envahissent alors : l'excitation et l'appréhension. Le compte à rebours touche à sa fin. Il va falloir sauter dans le vide. Et comme dit Jean-Marie Bigard dans son sketch « Les proverbes chinois » : « C'est au pied du mur que l'on voit mieux le mur. » Je confirme. Le mur qui me fait face devient géant dans mon esprit. Même si je sais que je suis bien préparé, il subsiste un doute, une crainte de l'inconnu, certainement accrue par le fait que c'est une première pour moi. Je ne peux pas le nier : la veille du départ, j'ai le trac.

Nous sommes le jour J et il est 6 heures. Je me lève dans cette petite maison assez sombre. Le soleil commence à montrer le bout de ses rayons. La journée s'annonce lumineuse. Le chien de Paul me fait la fête et je profite au maximum de ces derniers instants de calme et de confort. Une fois mon petit déjeuner englouti, j'ouvre la porte d'entrée et m'engage dans la petite allée qui longe le jardin jusqu'à la route. J'ai alors 26 ans, les cheveux courts et pas encore de barbe. Ma remorque est prête, propre et chargée comme il faut. Petit cérémonial : je pose mon trépied sur le trottoir et me prends en photo avant le grand départ. Paul sort ; on discute au bord du chemin. Il me souhaite une magnifique traversée et une belle aventure. J'accroche ma carriole à mon sac à dos, mes deux mains sur les arceaux. Je suis dans les starting-blocks. Je sais exactement ce que j'ai à faire : m'élancer et mettre un pied devant l'autre. C'est tout droit. Pourtant, impossible de décoller. Je suis comme figé, collé au sol, les deux pieds coulés dans le béton. On dit que le premier pas est le plus dur, et c'est vrai. Cette fois, le mur est là, en face de moi.

Paul, qui voit bien que quelque chose ne va pas, me regarde et me dit : « Tu sais quoi, Rémi ? Je vais aller m'asseoir sur le trottoir d'en face. Quand tu te sens prêt, tu me fais un signe et tu pars, OK ? » J'acquiesce d'un signe de la tête et vois mon hôte, sa casquette vissée sur la tête, prendre place juste en face de moi, sur le rebord du trottoir. Pendant quelques minutes qui me paraissent des heures, je ne bouge pas. Je sais que Paul est là, qu'il me regarde, et qu'il me suffit de tourner la tête pour lui faire ce signe et décoller. Il se passe quelque chose d'incroyable dans mon esprit, un peu comme la cassette audio que l'on rembobine avec un crayon. Je me remémore tout ce que j'ai fait pour en arriver là : le livre que j'ai lu, mon carnet dans lequel j'ai écrit les premiers mots sur ce projet, la carriole fabriquée avec mon père, l'association à qui j'ai promis de revenir sain et sauf avec un chèque, toutes les personnes qui me soutiennent depuis la France, sans compter mes proches. Une question me vient à l'esprit : est-ce que mon projet est parfait ? Est-ce que j'ai bien tout organisé ? Un aller-retour rapide qui me donne enfin la force nécessaire et provoque le déclic du départ. Je me tourne vers Paul, le regarde droit dans les yeux et lui fais signe en lui disant : « À la prochaine ! » L'aventure australienne a commencé.

Octobre 2013. Deux ans plus tard, quasiment jour pour jour, je suis sur le départ de mon aventure asiatique : la descente du Mékong à la nage. Je m'envole de Paris pour Beijing, puis enchaîne avec un vol pour Kunming. Là, je retourne à la *guest house* où j'ai séjourné quelques mois plus tôt, en juin, lors de mon voyage de reconnaissance. Je retrouve mon ami brésilien, rencontré lors de ce voyage. Il me saute dans les bras en s'exclamant : « T'es revenu et t'es bien taillé ! C'est pour le Mékong ? » J'opine du chef en guise de réponse et m'assieds pour boire quelques verres avec lui. En tout, nous passons trois jours ensemble, le temps de bien préparer mon départ. À force de repérer le parcours, je finis par le connaître par cœur.

Et arrive le jour où je dois me lancer. Mon ami m'accompagne jusqu'à l'arrêt du bus qui doit m'emmener à la gare routière ; de là, le car poursuit jusqu'au Tibet, mon point de départ. Paul me regarde droit dans les yeux : « Allez, Rémi, fais ton job, déchire tout et sois fier de toi ! » Après une dernière accolade, je monte dans le bus, et c'est parti. Le voyage doit durer dix-neuf heures. Une fois à Deqin, je trouve un petit hôtel. Ce genre d'hébergement, fréquenté habituellement par de jeunes touristes, s'appelle un YMCA. D'autres voyageurs y logent, certains venus pour l'ascension des sommets himalayens. Depuis l'hôtel, on voit les Meili Snow Mountains aux sommets enneigés, sans oublier les treize stèles blanches ressemblant à des temples et signalant les points culminants de cette chaîne de montagnes. Le pic principal s'appelle le Kawagebo. Ce sommet n'a jamais été gravi par des alpinistes, depuis l'interdiction déclarée en 2010, à la suite de l'expédition mortelle d'un groupe de professionnels. L'ambiance tibétaine flotte dans l'air, et ça me subjugue.

Le lendemain, un nouveau car me dépose au poste-frontière, avant d'atteindre le Tibet. Il faut présenter son passeport et un autre visa pour pénétrer en territoire tibétain. Le bus s'arrête et un garde armé monte. Il fait trois pas dans l'allée centrale du car et, très rapidement, il me repère : « Vous, passeport ! » La quasi-totalité des passagers sont des locaux, et je détonne dans le paysage avec ma parka bleue flashy et mon gros sac à dos jaune. Sans perdre un instant, je lui tends mon passeport rempli de tampons et de visas. Il faut dire que j'ai toujours beaucoup aimé les voyages et que, avant même de devenir aventurier explorateur, j'ai la chance d'avoir baroudé au temps où les tampons existaient encore. Après avoir inspecté mon passeport, il me demande si j'ai un permis pour le Tibet. Je lui réponds que non. Il me fait signe de descendre du car. Je m'exécute. Une jeune femme vient à ma rencontre et m'explique que je ne peux pas rentrer dans le pays, car je n'ai pas le document requis. Après une longue discussion avec les gardes-frontières, je prends mes affaires et je pars à pied, faisant mine de rebrousser chemin. Bien entendu, ce n'est pas parce que je n'ai pas réussi à passer en car que je vais jeter l'éponge. Je décide de tenter ma chance par les chemins de traverse, d'autant que le Mékong est juste là, 500 mètres plus bas à pic.

Chargé comme une mule avec mon flotteur qui pèse 25 kilos, je peine à avancer. Je m'arrête tous les 300 mètres pour souffler. Le début de l'aventure est plutôt violent. En route, je rencontre deux hommes à moto qui s'arrêtent à mon niveau pour me demander ce que je cherche. Difficile de les comprendre – l'immersion a déjà commencé. Je sors alors une présentation de mon projet, que j'ai traduite dans plusieurs langues. Mes deux guides de fortune finissent par comprendre et m'emmènent au bord du Mékong à moto.

Ça y est, je suis prêt à me lancer à l'eau. Sans perdre une seule seconde, je sors mes affaires, enfile ma combinaison, mon gilet de sauvetage, mon casque, et en avant Guingamp. Cette fois, tout est bon. J'allume ma caméra embarquée, je fais un petit speech pour expliquer que je n'ai jamais été aussi proche du départ. Puis je me pose au bord du fleuve et je me mouille la figure, histoire de prendre la température de l'eau. Elle est à 4 °C, vivifiante. Même si le soleil est de la partie, on attaque l'hiver au Tibet. À cet endroit, le Mékong ne porte pas encore ce nom. Il s'appelle Lancang River et ne fait que 7 mètres de large. Subitement, une question surgit de nulle part : « Mais qu'est-ce que je fais là ? »

C'est exactement la même situation qu'en Australie. Je commence à rembobiner tout ce que j'ai fait pour me retrouver au bord de ce monstre fluvial que j'ai décidé de descendre à la nage. Je repense à toutes les heures passées à la piscine et en bassin d'eau vive pour me préparer à affronter ce moment. Je repense aussi à la construction du flotteur en Kevlar avec des caissons étanches, à toutes les démarches effectuées pour obtenir les autorisations territoriales. Contrairement au défi australien, où j'ai su courir et avancer sur la terre ferme, la question se pose de savoir si je serai capable de descendre ce cours d'eau extrêmement violent et incontrôlable, seul, sans assistance.

Puis je décide de m'immerger derrière un gros rocher, sous les yeux écarquillés des deux Chinois, curieux de me voir partir. Cette fois, c'est le courant qui m'emporte sans que je puisse faire quoi que ce soit. Je trouve alors la motivation de faire ce que l'on appelle une reprise de nage, face au courant. En une fraction de seconde, me voilà parti, accroché à mon flotteur, avec tout juste le temps de sortir un bras de l'eau pour faire signe à mes deux spectateurs du jour. L'aventure du Mékong a bel et bien commencé.

1er juin 2018. C'est le tout premier jour de mon nouveau défi : le tour de France à la nage en partant de Dunkerque et en arrivant à Monaco. Phénomène étrange : qu'il s'agisse d'un désert australien, d'un fleuve asiatique ou du littoral français, les aventures commencent un peu toutes de la même manière. J'arrive dans le Nord la veille, tout excité par ce nouveau challenge. Mais je suis aussi très perturbé à l'idée de me jeter à l'eau pour plus de cent jours. Suis-je capable de mener à bien cette aventure ? Même si cela semble fou, cette question m'a traversé l'esprit. Et c'est totalement naturel. Je vais explorer une nouvelle facette de mes capacités physiques et mentales. Courir dans le désert, faire de l'hydrospeed et nager le crawl au large des côtes sont trois activités totalement distinctes. Et il y a une grande différence avec mes autres défis : cette fois, je ne suis pas réellement seul. J'ai un canoë de secours qui me suit au cas où et des équipes terrestres qui sont là pour préparer les départs, les arrivées et toute la logistique. Un soutien à la fois physique et moral. Au total, six bénévoles sont présents pour faire en sorte que tout se passe le mieux possible.

La veille du départ, on prépare tout. On gonfle le bateau avec lequel Yann, l'un des nombreux barreurs qui se succéderont, va naviguer durant la majeure partie du tour du littoral, et on charge les affaires. Les organisateurs à Dunkerque nous ont laissé un vaste espace pour que nous puissions camper au bord de l'eau, près de la ligne de départ. Tout est parfait.

Le lendemain matin, c'est le grand jour. Contrairement à la veille, où le soleil brillait, un brouillard à couper au couteau nous enveloppe. Je ne vois même pas les pointes rocheuses proches du port dunkerquois. Nous sommes le 1er juin, mais il fait un peu froid, le temps est maussade, l'ambiance étrange, pesante même. Ciel gris et environnement glacial. J'en garde un souvenir particulier, encore plus que pour les deux premières expéditions. Et pourtant, je suis à la maison, en France. Mais il faut y aller. Il est 5 h 30. Je prends le temps de déjeuner. La presse locale, mais aussi nationale, a fait le déplacement. La pression monte et le moment est important. Cette fois, c'est parti pour de bon.

Je ne change rien à mes habitudes et reste concentré. Je mets ma combinaison, ma cagoule. Je prends ma petite structure flottante, mes palmes, et je me dirige lentement vers mon point de départ. Me voilà sur la plage, à Dunkerque. La même sensation qu'en Australie et au bord du Mékong m'envahit. Le sentiment de culpabilité est encore plus important. Devant tout ce monde, l'envie de ne pas décevoir est comme une pression supplémentaire. J'ai donné rendez-vous à toutes ces personnes que je ne connais même pas, pour la grande majorité. Mais elles sont là, elles ont fait le déplacement pour m'encourager et assister au départ d'un drôle d'inconnu. Je sens, et je sais, que cette aventure est réellement différente des autres. D'autant que ma victoire dans une émission télévisée en *prime time* quelques semaines plus tôt a braqué sur moi des projecteurs qui n'existaient pas auparavant.

La marée haute vient de se terminer. On commence à peine la marée descendante. Je m'assieds sur le sable légèrement humide. L'eau ruisselle sur les petits monticules de sable formés par le passage de la houle après qu'elle s'est retirée. J'ai ma planche et mes palmes à côté de moi, la tête entre mes mains. Mille questions me traversent l'esprit. Est-ce que j'ai bien tout fait ? Est-ce que je suis réellement prêt à relever ce défi fou ? Est-ce que je suis légitime pour me lancer à l'assaut de cette montagne qui se présente devant moi – ce fameux mur que l'on ne voit que quand on est à ses pieds ? Et cette question que je me pose toujours : mais qu'est-ce que je fiche là ? Prise de conscience subite et passagère avant le grand saut dans le vide. Oui, je l'avoue encore une fois, le doute fait partie de mes explorations, et il est salvateur, parce qu'il est motivant. Ce qui me paralyse réellement à ce moment-là, c'est que, à la différence de l'Australie ou du Mékong, mes cinq sens vont être lourdement impactés et je prends conscience que mon mental sera primordial, décisif, déterminant. Suis-je prêt psychologiquement, nerveusement, émotionnellement ? Autant d'interrogations qui assaillent mon cerveau.

Puis le déclic se produit. Il est déclenché par ma détermination à me surpasser, mais aussi par la présence de cette foule agglutinée sur la rade et la plage pour me voir partir. Un dernier élan d'orgueil me souffle à l'oreille : « Alors, cap ou pas cap ? » Toute cette pression est comparable au fameux coup de pistolet sur la ligne de départ dans une course. Je sens cette force inexplicable et invisible qui me pousse à m'immerger dans l'eau et à me lancer enfin, motivé par l'énergie humaine qui m'entoure, que je sens. C'est magique, cette énergie qui colle des frissons et ne vous quitte pas.

On m'aide à me lever, j'enlève les roues qui m'ont permis de tracter ma planche jusqu'au bord de mer, derniers liens qui me rattachent à la terre ferme. Sans réfléchir, je mets mes palmes, et pousse mon matériel dans l'eau. Cette fois, c'est sûr, je vais aller affronter ce que je suis venu chercher. Et même si l'eau est glaciale, ce que je ressens dans mon cœur et dans ma tête est comparable à de la lave en fusion. Je veux en découdre avec cet océan. Je sais que je vais y arriver, coûte que coûte. Derniers gestes : j'asperge d'eau mon visage, je mets mon masque, mon tuba. Je m'immerge jusqu'au menton. En me retournant, je jette un dernier coup d'œil à la foule, mais surtout à toute mon équipe de bénévoles. Je sors ma main palmée de l'eau pour faire un dernier coucou. Je m'élance et je donne mes premiers coups de palme. Ça y est, c'est parti pour ce défi insensé du tour de France à la nage en 2 650 kilomètres. Fonce, c'est droit devant !

Dans une carrière, il y a deux moments clés : celui où l'on est au maximum de ses capacités et où l'on fait tout pour y rester, et celui où l'on a la tête dans le trou et où l'on doit se remotiver pour flirter à nouveau avec cette réussite perdue, évaporée. Dans un métier comme le mien, le plus compliqué est de garder un niveau de motivation constant et sans faille, même quand tout semble ligué contre nous. J'ai connu ce sentiment désagréable, voire déprimant, en vivant une véritable traversée du désert qui a laissé des traces, mais qui m'a aussi permis de me recentrer et de travailler encore un peu plus sur mon mental. C'est d'ailleurs à la suite de cette période sombre et silencieuse que je me suis lancé dans mon défi du tour du littoral français à la nage. Pour cette raison, il me semble important d'évoquer cette période douloureuse, mais instructive et bénéfique pour mon développement personnel.

Ma traversée du désert entre 2015 et 2017

2015. Après mes deux premières expéditions – la traversée de l'Australie en courant et la descente du Mékong en hydrospeed –, je suis persuadé d'être sur les bons rails et que je vais enfin pouvoir vivre de ma passion, celle à laquelle je dédie tout mon temps depuis maintenant quatre ans. Au retour de mon aventure asiatique, je donne énormément de conférences dans des écoles et des entreprises. La plupart ne sont pas payantes, tout simplement parce que personne ne connaît mon nom ni ce que j'ai fait. Je commets beaucoup d'erreurs, parce que je n'ai pas toutes les ficelles. À l'image de l'exploration et de l'aventure, je découvre au fur et à mesure. Finalement, la vie est certainement la plus belle aventure que nous ayons à vivre, chaque jour, avec son lot de bonheurs et de malheurs. Petit à petit, je prends aussi conscience du rôle de la communication, du marketing et de tout ce que je ne connais pas encore suffisamment pour faire émerger qui je suis aux yeux du grand public.

Lorsque je me demande si j'aimerais remonter le temps pour modifier certaines choses, j'arrive chaque fois à la même conclusion : je sais que je suis aujourd'hui le fruit de tous ces moments, joyeux et malheureux. Alors, pourquoi vouloir modifier quoi que ce soit ? C'est ce qu'on appelle l'expérience, et elle est indispensable à la progression, à l'élévation et, d'une certaine manière, à la réussite personnelle.

Je me retrouve donc sans projet et surtout sans ressources. L'urgence se fait sentir. Je croise une amie qui a suivi tous mes exploits et qui me dit : « Rémi, je t'ai vu t'entraîner comme un malade et nager entre 5 et 10 kilomètres par jour pour te préparer physiquement et mentalement pour ta dernière expédition. Pourquoi est-ce que tu ne passes pas ton diplôme de maître-nageur sauveteur en mer ? Comme ça, tu pourrais apprendre la natation à des jeunes et des moins jeunes durant toute l'année, et bosser l'été dans les piscines et sur les plages. » J'avoue sincèrement que, à ce moment-là, cette description ne me fait absolument pas envie, parce qu'elle ne me correspond pas du tout. Même en rêve, je ne m'imagine pas faire ce job pour gagner ma vie. Je sais que j'ai besoin d'action, et l'idée de rester immobile pendant des heures à surveiller d'autres personnes, avec de fortes chances pour qu'il ne se passe rien, me fait trembler. Certainement la peur du néant... D'un autre côté, l'image que j'ai de ce métier est assez proche d'*Alerte à Malibu*, ce qui me fascine quand même. Du coup, je décide de m'intéresser à cette formation.

Je découvre alors l'univers de la SNSM, et je suis conquis. J'apprends qu'il y a deux catégories de sauveteurs : les embarqués, des bénévoles qui partent sur les bateaux pour aller secourir les personnes en détresse en pleine mer et sont uniquement dédommagés pour le remorquage et le matériel, et les sauveteurs en mer, qui suivent une formation et sont affectés sur des plages au bout d'un an. Eux sont rémunérés par les mairies qui choisissent de faire appel à la SNSM pour surveiller leur littoral. On les appelle des saisonniers, et ils ont le droit de travailler quatre mois d'affilée, pas un de plus. Cela dit, je ne connais pas de saisonnier qui travaille plus de trois mois en période estivale.

Me voici au centre de formation de Châteauroux, situé à quarante-cinq minutes de chez moi. J'habite alors à Bourges. Une fois le diplôme en poche, je suis engagé pour l'été 2016 en Méditerranée et pour l'été 2017 en Bretagne. Seul problème : cela ne représente que quelques mois par an. Les neuf mois restants, il faut s'occuper. Ma traversée du désert est là, dans cette période mitigée où j'arrive à me mobiliser pour passer cet examen et travailler un peu, mais où je me retrouve aussi face à moi-même, avec tout ce temps à combler, à remplir, à faire vivre. Alors que j'ai vécu les quatre années précédentes à 200 à l'heure dans l'espoir de faire décoller ma carrière d'aventurier explorateur, je me sens perdu, sans but réel. Le coup est sévère. Je tombe dans une spirale que je ne connaissais pas. Je découvre ce que signifie le spleen. D'un côté, je veux vivre de mes aventures ; de l'autre, malgré tous les efforts accomplis, il ne se passe rien. Je ne sais pas comment rebondir. Personne ne me sollicite, aucun projet ne prend forme. Je comprends alors ce que veut dire la traversée du désert. Un comble pour un explorateur qui a déjà vécu le désert, le vrai ! Je peux l'avouer, j'ai côtoyé la déprime et la perte de confiance. C'est dans ces moments-là que l'on entre dans ce que j'appelle, non pas la mécanique de la motivation, mais celle de la remotivation, certainement la plus importante aujourd'hui à mes yeux. Il faut connaître ce passage à vide au moins une fois pour être capable de repousser ses limites – celles que l'on ne voit pas, dont on n'a pas conscience, mais qui, pourtant, sont indissociables de la réussite.

Pendant cette période, ma famille et mon entourage ne sont pas mon principal moteur. Au lieu de m'encourager à aller au bout de mes rêves, ils me répètent : « Tu vois bien qu'on ne peut pas vivre de ça. Trouve-toi un vrai travail ! » Le genre de formule dont on n'a pas besoin, qui plombe le moral et précipite encore plus vers le fond. Aujourd'hui, je suis intimement convaincu que le rôle de l'entourage est indispensable ; mieux, il est vital. Comme dit le proverbe : « Seul, on va plus vite, mais à plusieurs, on va plus loin ! » Alors, bien sûr, le mental doit être en acier trempé et on ne peut compter que sur soi. Mais il y a des moments clés où le fait de se sentir soutenu, poussé, encouragé joue sur le moral et donc sur la détermination. La psychiatre et psychologue suisse Élisabeth Kübler-Ross a étudié les étapes de la fameuse courbe du changement. Après une transformation de son quotidien ou un événement brutal, chacun d'entre nous passe par sept paliers immuables : le déni, la colère ou la peur, la négociation, la tristesse ou la dépression – le point le plus bas –, puis l'acceptation, la découverte du sens, pour enfin se mettre à l'action.

Comme il n'y a pas d'exceptions, ou très peu, je traverse toutes ces étapes douloureuses et marquantes. Un calvaire que je vis seul, puisque cela fait aussi partie, selon moi, de la règle d'or. Je suis le seul à détenir les clés pour me sortir de cette situation inconfortable et déstabilisante. J'arrive à retrouver de l'énergie et à dénicher un petit boulot de nuit en tant qu'intérimaire pour mettre des courriers sous pli dans une grande entreprise. Je réussis donc à conjuguer l'emploi pour me nourrir et payer mes factures avec l'entraînement l'après-midi pour entretenir ma forme et ne pas louper le coche à venir. Je connais quelques explorateurs qui partent à l'aventure sans forcément bien se préparer. Le cimetière n'est jamais très loin quand on fait ce choix. Il est important de garder un niveau d'entraînement suffisamment élevé pour limiter les risques physiques et les blessures, qui engendrent pépins et frustration. Je veux m'assurer mentalement que mon corps pourra tenir le choc. Cela me rassure et me donne encore plus d'énergie pour avancer. Durant cette longue période de vaches maigres, je dois prioriser les choses. Cette pause est finalement loin d'être un vide sidéral. Il n'y a pas de temps mort, jamais. Chaque phase de notre vie est utile et doit être vécue pleinement et sereinement. Il n'est pas toujours évident de s'entraîner efficacement si l'on n'a pas un minimum de confort ou de moyens. Préserver un cadre de vie sain est la solution idéale et indispensable.

Cette expérience m'a permis de créer un véritable parallèle entre mes aventures et ma vie quotidienne. Dans les deux cas, l'objectif est de trouver un rythme approprié et adapté pour atteindre son but. La seule chose que j'aie trouvée à réduire, c'est mon temps de sommeil. Dormir moins pour pouvoir faire plus. Finalement, même pendant cette période sans aucune aventure à l'autre bout du monde, je ne dors que quatre ou cinq heures par jour pour garder le tempo. Une parenthèse dure et intense qui m'apporte énormément, tant sur le plan mental que sur le plan physique.

Et puis, fin 2016, un ami m'appelle et me dit qu'il a entendu parler d'une nouvelle émission télé qui pourrait me plaire. Le principe est simple : un parcours du combattant amélioré, avec des obstacles en mousse à franchir. Pas franchement convaincu, mais porté par son enthousiasme, je m'inscris à ce programme en envoyant un petit montage vidéo dans lequel je me présente. Rapidement, je suis contacté et je pars à Paris pour passer le casting. Comme pour tous les concurrents, le mien commence par un entretien avec un membre de l'équipe de production. Parmi les questions qu'il me pose, il y a celle-ci : « Qu'êtes-vous venu chercher ? » Je réponds du tac au tac : « Ben, le chèque de 100 000 euros que vous donnez à la fin ! » Surpris, il me demande : « Mais parce que vous pensez que vous allez gagner ? » Sans sourciller et sûr de moi, je lui rétorque : « Évidemment, je suis venu pour ça ! » S'ensuivent plusieurs minutes d'échange, puis l'entretien se termine et je rentre chez moi, dans la région Centre-Val de Loire. Deux semaines plus tard, je reçois un coup de téléphone de la production qui m'annonce que je n'ai pas été sélectionné. Mon moral en prend un coup et je me remets à douter de mes capacités. Je tombe un peu plus profondément dans cette morosité que je connais depuis plus de deux ans. Un coup de mou qui m'oblige à redoubler d'attention et de motivation dans mon quotidien.

Un matin de février 2017, alors que je suis dans ma chambre, à la fenêtre, en train de rêvasser, mon téléphone sonne. Je décroche. Une femme se présente comme l'assistante de direction d'une grande société de production parisienne : « Voilà, j'ai entendu parler de vous il n'y a pas très longtemps. On va lancer une émission qui s'appelle "Wild" et qui est une course de survie, sur M6. Le tournage commence mi-juin. Le but est de rassembler sept experts et sept novices : on vous veut parmi les experts. » Agréablement surpris, je lui demande : « Mais qui sont les six autres ?

– Oh, des ex des forces spéciales, des militaires... »

Intérieurement, je me dis que je n'ai aucune légitimité comparé à eux. « Mais je suis aventurier et maître d'hôtel de métier. Qu'est-ce que vous voulez que j'apporte face à des pointures comme ça ? » Je lui promets de réfléchir, mais ma première idée est de refuser.

Deux ou trois jours plus tard, la femme me rappelle pour connaître ma décision. Un peu désabusé et perdu, je lui réponds oui, sans conviction. Du coup, rebelote : je me rends à Paris pour effectuer plusieurs castings, et je suis finalement accepté en tant qu'expert. Après avoir fait les différents vaccins obligatoires, nous partons en Afrique du Sud, en Namibie, au Botswana et en Bolivie. Le tournage dure cinq semaines, après quoi je rentre en France, à Bourges. Je connais le résultat de la compétition, mais je suis obligé de tenir ma langue. La diffusion a lieu plus de six mois plus tard, en mars 2018, en *prime time* sur M6. Ce n'est qu'au terme des cinq semaines de diffusion que tout le monde apprend que je suis le vainqueur de l'émission, qui n'aura connu qu'une seule saison.

Cette expérience m'a ouvert des portes et, surtout, donné une bouffée d'air frais. Je me suis rendu compte que la motivation n'est pas quelque chose de ponctuel, mais qu'elle est bel et bien cultivable dans le temps. Elle s'entretient comme un jardin ou une maison dont on prend soin. Un travail au quotidien qui demande une abnégation et une rigueur sans limites. Ainsi, on ne lâche pas la rampe et on se tient prêt pour l'opportunité qui se présente. Même si l'obscurité fait partie du jeu, il ne faut jamais perdre de vue cette petite lumière qui brille quelque part, dans le noir. Et même si l'on traverse des moments difficiles, il ne faut jamais perdre foi en soi et en ses capacités. Chacun de nous a des ressources insoupçonnées, ancrées au fond de lui, qu'il peut exploiter s'il le veut. Quoi qu'il arrive, le travail paye toujours. Parfois cela prend du temps, mais être patient et faire du temps un allié est une partie du concept, quel que soit le projet que l'on poursuit. De cela, j'ai eu la preuve à plusieurs reprises.

Il m'arrive encore de passer par des moments déstabilisants, décevants. Mais j'ai bien plus appris de cette expérience que je ne l'imaginais. J'ai trouvé mon équilibre dans l'automotivation, qui est la chose la plus complexe et, antinomiquement, la plus importante. Je me fixe plusieurs niveaux d'objectifs : journaliers, mensuels, annuels et à plus long terme. Dès que je me donne un nouveau but, j'ai de quoi rêver et entretenir ma motivation, d'où l'importance des objectifs à tiroirs, évolutifs et surtout complémentaires. Chaque étape franchie est une victoire dans l'accomplissement du projet. Oscar Wilde l'exprime ainsi : « La sagesse, c'est d'avoir des rêves suffisamment grands pour ne pas les perdre de vue lorsqu'on les poursuit. » À chacun ses recettes et ses astuces pour se motiver jour après jour. Par exemple, depuis cette expérience, je m'organise avec une *to-do list*, court programme que je relis à la fin de chaque journée et sur lequel je raye les tâches accomplies. C'est une véritable satisfaction de les voir disparaître les unes après les autres sous le trait gras du crayon.

Souvent, on me pose la question de la place laissée au vide. Les fameux temps morts sont extrêmement importants. J'ai besoin d'avoir des sas de décompression pour ne pas saturer. Ces moments semblent inutiles, mais ils sont nécessaires et exigent d'être planifiés pour faire enfin quelque chose qui, sinon, échappe sans cesse à notre emploi du temps : courir, méditer, écouter de la musique, cuisiner, aller au cinéma ou encore retrouver des amis. Une bulle d'air, une parenthèse pour soi et rien que pour soi. Pour être honnête, je me suis beaucoup éparpillé avant de trouver cet équilibre. Expérimenter plusieurs pistes est une clé en or : n'ayons pas peur de tester, d'échouer, de recommencer. Toute expérience est un acquis, et donc une force : la satisfaction d'avoir osé. « Oser, c'est gagner ! » Ne nous sous-estimons pas, ne nous diminuons pas, mais au contraire respectons-nous pour pouvoir avancer et nous aimer nous-mêmes. Selon moi, voilà le secret de la motivation. Si l'on garde cette flamme toujours allumée, rien ne peut nous arrêter.

Nourrir cette flamme, c'est oser se diversifier, oser l'aventure et oser sortir des sentiers battus. C'est ne pas se cantonner à ses petites habitudes ronronnantes, mais prendre le risque de sortir de sa zone de confort. Pour cela, nul besoin de partir à l'autre bout du monde. L'aventure peut être à quelques pas, juste là, tapie dans l'ombre. Il suffit d'ouvrir grands ses yeux et ses oreilles et d'être curieux. La vie est la plus belle aventure qui soit, puisqu'on en est le capitaine. Ma plus belle récompense aujourd'hui, c'est de pouvoir enfin vivre de ma passion, ce métier que j'ai voulu faire après avoir lu un livre en une nuit au fin fond de la Bretagne. Il m'a fallu huit ans pour toucher au but, et je l'ai atteint parce que je n'ai pas lâché un millimètre de bride. Toute persévérance, toute obstination, toute rigueur paie. Quoi qu'il en coûte, cet état d'esprit gagnant produit toujours un résultat positif.

Quand on est aventurier explorateur, le danger fait partie du quotidien, qu'il s'incarne dans la nature ou dans un être humain. Tout peut basculer sans que l'on s'y attende. Si jamais la motivation et la détermination sont aux abonnés absents, la partie peut devenir beaucoup plus difficile. D'où l'importance de ne jamais perdre son sang-froid et de rester fixé sur son objectif. Parmi toutes les mauvaises surprises vécues lors de mes expéditions, il y en a une qui m'a marqué, non seulement parce qu'elle m'a fait perdre un temps précieux, mais aussi parce que j'étais isolé et que je dépendais de la décision d'autrui. Cela s'est produit lors de ma descente du Mékong, alors que je traversais le Laos.

Faire une partie de ping-pong pour récupérer mes papiers au Laos

4 janvier 2014. Alors que j'ai déjà parcouru presque la moitié du trajet prévu, je me fais arrêter par le Local Immigration Office à 4 kilomètres de Vientiane, la capitale laotienne. Des hommes me font signe de sortir de l'eau. Procédure de base : ils commencent à passer en revue toutes mes affaires, me les confisquent et m'annoncent qu'ils doivent vérifier si je suis en règle. La seule et unique chose à faire est donc de rester sagement dans la capitale et d'attendre qu'ils me rappellent dès que ce sera terminé. Résultat : je me retrouve en combinaison, pieds nus, avec uniquement mon gilet de sauvetage, mon téléphone portable et mon chargeur, quelques pièces, et *basta*. J'erre dans les rues à la recherche d'un toit. Je tombe sur un homme qui m'indique une *guest house*. En discutant avec les voyageurs de passage, j'arrive à obtenir un peu d'argent et de nourriture. Dans la foulée, j'informe l'ambassade de France de ma situation pour trouver une solution à ce que je pense n'être qu'un léger contretemps. Mais, en Asie du Sud-Est, le touriste n'a jamais le dernier mot, et ce sont les autorités qui contrôlent le territoire. Toutes mes affaires sont gardées au commissariat central, un quartier sécurisé situé dans l'arrière-pays. Les policiers sont censés contacter l'ambassade, qui doit ensuite m'envoyer un mail pour me dire de m'y rendre.

Chaque fois que je reçois une convocation, cela se passe de la même manière : je loue un vélo pour 10 000 kips, soit un peu moins de 1 euro, pour aller au rendez-vous. Je me présente sur place sans connaître la raison de ma venue et je poireaute parfois pendant une heure, pour finalement m'entendre dire : « Non, ce n'est pas prêt ! » Même si j'ai envie de m'énerver, je garde mon calme et les salue avec les deux mains jointes en signe de respect. *Bo Pen Yang*, ce qui signifie : « Pas de souci ». La coutume dans ces pays est de ne jamais laisser la colère prendre le dessus, quoi qu'il arrive. Une fois sur mon vélo, en revanche, je n'hésite pas à hurler des insultes ou à exprimer ma rage en français. Dès que je rentre à la *guest house*, c'est reparti comme en quarante. Je ne compte même plus le nombre de fois où j'ai eu droit à ce traitement. Le problème, c'est quand on n'a aucune visibilité, aucune idée de la façon dont cela va se terminer. Si je suis convoqué, je n'ai pas le choix : je dois y aller. De quoi devenir chèvre.

Entre tous ces rendez-vous, j'occupe mon temps libre en allant voir les ONG installées dans les environs et les entreprises qui œuvrent dans le domaine de l'environnement et de l'écologie. Je rencontre la Mekong River Commission et travaille un peu avec elle pour comprendre son fonctionnement, la répartition des tâches entre les différents pays traversés par le fleuve. Je fais même la connaissance du patron des médias laotiens et d'un ministre. Bref, je ne perds pas mon temps. Puisque je ne peux pas bouger, n'ayant ni mon matériel ni mes affaires, autant en profiter pour mieux appréhender la dynamique qui relie le Mékong aux habitants de ses rives. Même si j'ai mon passeport et que je pourrais quitter le pays, je préfère attendre pour aller au bout de mon défi. Je ne vais quand même pas tout gâcher pour ça. Ma détermination est intacte, et c'est tant mieux.

Un jour, ils me convoquent, je paie de nouveau un vélo 10 000 kips, et me voilà parti avec mon tee-shirt et mes claquettes à fond les ballons. Sur la route, je me demande à quelle sauce je vais encore être mangé. Arrivé sur place, je pose mon vélo, attache mon petit cadenas, grimpe l'escalier qui mène à la porte principale du bâtiment et monte à l'étage, comme d'habitude. Je connais le chemin, à force. Je tape à la porte du bureau où se trouvent normalement les soldats laotiens. Personne. Je parcours les couloirs en cherchant âme qui vive. Je vois un homme qui fume sa cigarette dans l'escalier et je lui demande où sont passés les autres. Il me regarde et, tout en tirant une bouffée, me dit en anglais : « À l'étage du dessus. » Je lui réponds « *khob chai* », ce qui signifie « merci », et me dirige vers les marches à toute allure. Là-haut, c'est la même pièce qu'en dessous, mais avec des tables de ping-pong. Ils sont tous en train de jouer. Je ne me dégonfle pas, j'entre dans la pièce, leur dis bonjour et explique avoir reçu un message de l'ambassade de France. Visiblement, ça ne les perturbe pas. Ils me déclarent qu'ils sont en train de jouer et qu'il faut attendre. Un peu piqué au vif, je leur propose un *deal* : si je joue avec eux et que je gagne tous mes matchs, alors j'obtiens mes papiers. Ils acceptent de relever le défi.

Après avoir retiré mes claquettes, j'attrape une raquette, une balle, et le premier match commence : victoire. Je gagne chaque partie une à une. Au bout de deux heures, j'ai battu tous mes adversaires. Fier d'avoir remporté mon pari haut la main, je m'adresse au responsable en lui demandant mes papiers. Il me regarde droit dans les yeux, m'explique que son chef n'est pas là et que je vais être obligé de revenir. J'ai la sensation qu'ils se sont réellement moqués de moi, mais je ne dois pas m'énerver. Je dois rester concentré sur mon objectif : repartir et boucler cette expédition, quoi qu'il arrive. Si je m'énerve, cela peut retarder encore mon dossier. Je ravale ma fierté et ma colère, et repars, en sueur, sur mon petit vélo. Autant dire que, cette fois, je me mets à insulter la terre entière tout en pédalant comme un fou pour calmer mes nerfs. J'en profite pour faire un crochet à l'ambassade de France et leur expliquer la situation.

Une rencontre me permet de sortir de cette situation ubuesque. Il s'appelle Vianney Catteau et tient une agence d'écotourisme sur place. « Rémi, ta situation, elle est ridicule. Je vais te trouver une solution ! » me dit-il. Ce qu'il fait très rapidement. Je récupère mes affaires, et nous nous rendons au commissariat central avec des fleurs et des chocolats. En tout, cette halte forcée m'a coûté un mois et trois jours, mais ma détermination et ma motivation ont fait que je n'ai rien lâché, à aucun moment. Je me suis remis à l'eau et j'ai poursuivi mon chemin comme si de rien n'était. C'est certainement encore aujourd'hui l'une de mes plus vives satisfactions et l'une de mes plus grandes fiertés.

Parfois, la motivation permet de vivre des choses stupéfiantes, surréalistes. Même si mon côté cartésien prend très souvent le dessus, il y a des moments où on ne peut plus croire au seul hasard. Comme le disait Albert Einstein : « Le hasard, c'est Dieu qui se balade incognito ! » Il m'est arrivé d'avoir la sensation qu'il accompagnait mes pas dans mes aventures, par exemple lors de ce moment de grâce au cours de mon périple australien, l'un de ces instants magiques que l'on ne s'explique pas de manière rationnelle. On le vit simplement, sans se poser de questions. Et l'on profite de ce que la vie nous offre en récompense de la motivation que l'on travaille et que l'on a chevillée au corps.

Boire un yaourt à la pêche après trois heures de course dans le désert australien

Fin décembre 2011. En chemin pour Uluru, aussi appelé Ayers Rock, je suis en train de courir le long de la Leicester Highway. Lorsque je cours, nage, fais du vélo ou toute autre activité physique qui dure et demande un effort constant, mais pas extrême, celle-ci devient une routine. Souvent, on me demande : « Mais Rémi, comment tu fais pour nager 30 kilomètres ? » Ma réponse est toujours identique : « Ben, tu mets un bras dans l'eau, puis l'autre, et ainsi de suite ! » Pour courir ou pédaler, c'est exactement le même principe. En fait, c'est simple et cela ne demande aucune concentration, contrairement à l'activité du pilote de Formule 1, qui doit rester hyper-concentré pendant des heures. Dans une course de fond, le seul chronomètre est celui que l'on souhaite s'imposer, et le seul adversaire est soi-même. Donc, logiquement, il y a moins de pression.

La course en Australie présente un avantage : je profite du paysage et j'avance à mon rythme. Même si la chaleur ne facilite pas les choses, le contrôle du timing est beaucoup plus simple que sur le Mékong ou dans le tour de France à la nage. Avoir les pieds sur terre donne plus de liberté et de légèreté au quotidien. J'ai bien conscience, malgré tout, que je suis en autonomie et que je ne dois pas faire d'erreur dans la gestion de mes réserves en nourriture et en eau. Quand on part en expédition, il y a une règle de base à connaître, c'est la règle des trois. Elle définit nos besoins vitaux sur le terrain, en situation de survie, classés par ordre de priorité : trois secondes d'inattention, trois minutes sans respirer, trois heures sans régulation thermique, trois jours sans boire et trois semaines sans manger. Bien entendu, ces chiffres partent du principe que la personne est dans un mode d'économie, donc limite ses déplacements et ses efforts.

Parmi toutes ces constantes, trois jours sans boire devient une réelle problématique dans le désert : l'eau est une priorité. En effet, généralement, au-delà de soixante-douze heures, le diagnostic vital est largement engagé. En Australie, j'ai bu jusqu'à 20 litres d'eau par jour. Cela implique une logistique importante.

Je cours sur cette longue ligne droite bitumée depuis trois bonnes heures, sans trop réfléchir. Parmi les thèmes récurrents dans cette expédition, comme dans les autres d'ailleurs, il y a la nourriture. Lorsque j'explique aux apprentis aventuriers que la nourriture va être le sujet central pendant les jours que l'on va passer ensemble, ils ne me croient pas ; puis ils se rendent compte que j'ai raison, ce qui donne lieu à des discussions surréalistes sur la raclette ou la fondue savoyarde au beau milieu du désert, par 50 °C.

Lorsque je cours, j'ai aussi des envies subites qui apparaissent sans prévenir. Les envies de ce genre paraissent tellement vraies qu'on en arrive à avoir des hallucinations. Ce jour-là, c'est un yaourt à la pêche qui mobilise toute mon attention. Tout en courant, je visualise ce pot de yaourt, avec sa crème onctueuse et ses morceaux de pêche fondante. Je le sens presque, j'ai même le goût dans la gorge. Quand on l'ouvre, ce yaourt fait un petit bruit particulier. Et on voit la crème encore bien épaisse dans laquelle on plonge sa cuillère, qui ressort toute bombée, avec la petite goutte en dessous, prête à retomber dans le pot. C'est frais, c'est doux, c'est bon, et de temps en temps, on rencontre un de ces petits morceaux de pêche qui fondent sous la dent ou viennent se coller contre le palais. Le raconter ainsi, forcément, prête à rire ; pourtant, en plein cagnard, perdu au milieu du désert, cette image et ces sensations font baver. Je conceptualise ce yaourt au point de le voir se balancer devant moi en me narguant. Drôle et effrayant en même temps.

Ça fait donc plus de trois heures que ce pot de yaourt occupe mon esprit. Je n'ai qu'une seule idée : trouver un magasin pour me précipiter au rayon frais et l'acheter. Puis il se produit un événement vraiment bizarre. Je vois un énorme Land Cruiser blanc me dépasser et se garer sur le bas-côté. En Australie, la majorité des véhicules sont blancs pour une simple et bonne raison : les couleurs claires absorbent moins la chaleur. À la manière dont ils ont chargé leur voiture, je comprends que ce sont des gens qui connaissent bien le bush australien et sont parfaitement préparés pour s'y balader. Conduite à gauche, bien entendu, et l'homme est au volant.

La femme sort la première et vient à ma rencontre. Elle me demande si tout va bien. Je lui réponds que, malgré la chaleur, tout se passe correctement, puis je lui explique ce que je suis venu faire et vers où je me dirige. Elle me propose de l'eau. Vu la température, j'accepte sans hésitation. Je la vois ouvrir le coffre du 4 × 4, plonger la main et sortir des jerricans d'eau. Elle s'approche de moi et remplit toutes mes gourdes. Un signe du ciel lorsqu'on sait que le nombre de véhicules qui fréquentent cette route est proche de pas grand-chose ! « Est-ce que vous avez besoin d'autre chose ? Peut-être quelque chose à manger ? » Devant autant de bienveillance, je me laisse tenter et je lui réponds : « Merci pour votre gentillesse, avec plaisir ! » Elle retourne à son coffre et, tout en cherchant dans sa grande glacière, marmonne à son mari : « Ça y est, j'ai trouvé, et les enfants pourront bien attendre 300 kilomètres ! » Elle me tend deux yaourts frais. Un à la fraise, l'autre à la pêche. Je reste sans voix, presque les larmes aux yeux : « Vous ne vous rendez pas compte, ça fait plus de trois heures que je rêve de manger un yaourt à la pêche. Et c'est précisément ce que vous venez de me donner ! » Surprise, elle éclate de rire et me dit que, parfois, la vie est bien faite.

Malgré l'éducation plutôt cartésienne que j'ai reçue, ce genre d'expérience malmène certaines de mes certitudes quant au hasard ou aux coïncidences, d'autant que des situations semblables se sont produites à plusieurs reprises lors de mes différentes aventures. Dès que l'on concentre ses pensées sur une idée, un projet, une envie, on a la sensation que l'univers tout entier se mobilise pour assouvir ce désir. Alors, bien sûr, certains me diront que la chaleur m'avait peut-être un peu tapé sur la tête, mais lorsqu'on constate une récurrence dans les faits, je crois qu'on peut appeler cela une démonstration. Bien entendu, je n'impose rien à personne, mais je suis intimement convaincu que le hasard n'existe pas : quand on veut réellement quelque chose, les pensées ont une force et peuvent engendrer de belles comme de mauvaises surprises. À chacun de choisir ce qu'il désire et de passer sa commande. La motivation peut être le révélateur de nos pensées et de nos désirs.

L'engagement et la motivation sont intimement liés. S'accrocher et rester concentré sur un rêve, voilà la clé de la réussite. Mais ce n'est pas suffisant !

Pour me donner les moyens de mener mes aventures à terme, j'ai mis en place une méthodologie redoutable. J'accueille avec gourmandise toutes les critiques que l'on peut me faire. C'est même devenu un moteur, l'essence de ma démarche. Avant d'arriver à recycler intelligemment en positif tout ce qui semble négatif, il a fallu plusieurs années de colère, d'incompréhension et de tristesse accumulées.

Pour ne pas tomber dans les écueils de la routine, qui fait sombrer, et pour garder un rythme de croisière suffisamment soutenu, j'ai une stratégie efficace. L'une des règles primordiales que je m'impose est de faire les choses étape par étape. Ne jamais vouloir obtenir tout, tout de suite. Prendre son temps, puisqu'il est un allié, et savourer chaque moment à sa juste valeur. Ainsi, la motivation ne me quitte jamais et chaque instant semble unique, donc incontournable. L'autre technique qui me permet de rebondir plus vite que la normale, c'est d'avoir toujours, comme aux échecs, plusieurs coups d'avance. Je fais également en sorte d'aller explorer des domaines qui me sont encore inconnus. C'est pour cela que je n'hésite pas à développer des activités variées et complémentaires.

5

Le partage

Partager, c'est oser aller à la rencontre des autres et de leur mode de vie. C'est donner de soi, de son savoir, de ses connaissances, mais c'est aussi une ouverture sur le monde.

On dit toujours que ce qui est le plus précieux, c'est le temps. Donc, donner du temps aux autres est le plus beau cadeau que l'on puisse faire. Le temps ne se rattrape jamais. Partager son temps pour une cause, un combat, une personne, voilà une action noble et magique. Intrinsèquement, l'être humain est un animal social qui a besoin de communiquer et d'échanger. Il existe une règle simple qui énonce qu'une personne, si elle reste en moyenne trois années coupée du monde, sans aucun contact humain, va à sa perte. Elle n'a plus de raison de vivre. Le réflexe est de chercher quelqu'un pour partager ses émotions, ses ressentis. Un réflexe inné qui nous pousse à aller vers l'autre. Et ça, c'est incontournable !

Si j'ai choisi de devenir aventurier explorateur, c'est avant tout pour partager mes émotions et mes découvertes. Bien entendu, je suis en première ligne, mais pourquoi partir à l'autre bout du monde et faire toutes ces rencontres si je les garde pour moi ? À mes yeux, ne pas transmettre est inutile, et surtout dommage. Nous avons tous quelque chose à livrer, à échanger, à communiquer. Sans cette transmission, l'être humain est fade, déconnecté de la réalité du monde. Voilà aussi pourquoi j'ai voulu écrire ce livre : pour donner vie à tous ces souvenirs en les partageant avec un maximum de personnes. Lors de mes aventures, cette notion de partage est essentielle pour vivre l'expérience à fond. Sans cette approche, mes expéditions n'auraient aucune saveur. Et puisqu'on parle de goût, voilà un sens qui s'est révélé particulièrement important en Australie. Je me suis rendu compte que les choses les plus simples prennent une tout autre dimension lorsqu'on les vit pleinement.

Manger un sandwich dans le bush australien, mon plus beau cadeau de Noël

Début janvier 2012. Après avoir passé un 31 décembre magique dans le parc national d'Uluru-Kata Tjuta, je décide de reprendre la route pour me rendre dans la communauté aborigène de Kaltukatjara. Un peu moins de 200 kilomètres pour atteindre mon objectif. Je commence à courir à petites foulées avec ma fidèle carriole, solidement harnachée à ma taille. Mis à part les grandes routes goudronnées qui traversent l'Australie, toutes les pistes sont en terre battue. À partir de 2011, de gigantesques travaux ont été engagés pour bitumer la majeure partie des voies. Je me rends compte de la chance que j'ai eue de connaître ce pays à l'état sauvage et de profiter de ses paysages magiques avant cette transformation. Une modernisation qui permet de mieux circuler sur le territoire, mais qui détruit une grande part du charme du bush australien, sans compter ses effets néfastes sur la flore et la faune.

Je me retrouve donc sur le bord de la route avec un seul but : arriver à destination. C'est l'unique objectif à remplir, et je m'y applique du mieux que je peux. Je sais que j'en ai pour quatre jours à une allure de 45 à 50 kilomètres par jour. Ça va être long et éprouvant. Mais le moral est bon : au bout, il y a cette rencontre attendue avec la communauté aborigène. Même si j'ai suffisamment de nourriture, je sais que je n'ai pas assez d'eau pour faire toute la traversée. J'ignore encore comment je vais me débrouiller, pourtant je dois avancer. La route goudronnée se poursuit sur 10 mètres avant de se transformer en terre battue. Je prends conscience des difficultés auxquelles je vais devoir faire face. Avancer dans le désert sous un soleil de plomb avec une remorque de 40 kilos qui s'enfonce dans le sable : je m'apprête à vivre des moments compliqués. Après deux jours de course, alors que je suis en train de progresser sur la piste, j'entends le vrombissement caractéristique d'un moteur de camion. Ce n'est pas un gros camion, mais il est suffisamment bruyant pour que j'en reconnaisse la taille.

Lorsqu'il arrive à mon niveau, je remarque qu'il transporte du carburant. Il doit alimenter les stations-service situées sur la route. En le regardant d'un peu plus près, je note que, entre la cuve de carburant et la cabine, il y a une énorme citerne remplie de flotte pour l'usage personnel du chauffeur. Avec ma réserve d'eau quasi vide, j'ai du mal à quitter du regard ce trésor si convoité. Le conducteur finit par se garer sur le bas-côté et vient à ma rencontre. La discussion s'engage. Il me demande où je vais comme ça. Je vois qu'il est interloqué par mon allure, et surtout par mon attirail. Il cherche ensuite à savoir si je souhaite manger quelque chose. Je le remercie et accepte sa proposition avec plaisir. L'homme fait demi-tour, monte dans son véhicule et revient avec un énorme sandwich frais, tout juste sorti du petit réfrigérateur installé dans son camion. Il me le tend avec un *ice coffee*, une boisson gazeuse et des barres de céréales. Pour moi qui viens de vivre deux jours et deux nuits en mode spartiate, c'est un pur bonheur. C'est Noël... après l'heure.

Me voilà sur le bord de la route avec un petit festin, comme un gamin qui trépigne de joie. J'ai d'ailleurs fait une vidéo de ma rencontre avec ce chauffeur de camion australien tant elle m'a paru extraordinaire sur le moment. J'ai un sourire jusqu'aux oreilles et une banane d'enfer. Ce geste anodin me redonne goût à l'aventure. Oubliées les douleurs, oubliés les ennuis, les embûches, les coups de fatigue. En quelques secondes, je viens de recharger ma jauge énergie jusqu'à son maximum. Comme un cadeau n'arrive jamais seul, il me propose aussi de remplir mes gourdes et m'informe qu'il va prévenir les autorités le long de la route pour que je ne sois pas trop isolé. Un don de soi et une spontanéité qui me réchauffent le cœur.

Après m'avoir salué et souhaité bon courage, l'homme remonte dans son truck et repart comme il est venu. Je vois le camion s'éloigner dans un épais nuage de terre battue et filer en direction de Yulara. Je me retrouve seul à contempler mon précieux butin. Je décide de ne pas repartir tout de suite. Je préfère rester ici et me restaurer. Il faut imaginer le tableau : en plein milieu du désert, posé avec ma carriole, un sandwich, un café froid et une boisson fraîche à mes côtés. Une sorte de *drive-in* improvisé. Un cadeau tombé du ciel. Après ce moment de partage avec cet homme, c'est maintenant un vrai moment de partage que je vis avec moi-même. Plus je mange, plus je bois, et plus je me dis : « Mais c'est juste incroyable, ce qui vient de se passer. Quelle est la probabilité pour que ce camion s'arrête et que cet homme me donne tout ça ? » Assis près de ma remorque, tout en dégustant mon festin du jour, je contemple le sable légèrement soulevé par le vent du bush. Voilà pourquoi j'aime tant mon métier : pour tous ces moments authentiques et simples.

Même si partager un repas est l'occasion de découvrir les traditions alimentaires d'un pays, cela s'apparente parfois à un défi. À plusieurs reprises lors de mes expéditions, j'ai été confronté au choc des civilisations et des réalités. Si nos esprits sont habitués à certaines choses, il est important de ne pas rester enfermé dans des certitudes et de savoir se laisser porter par la curiosité, l'envie, le dépassement. Oui, il m'est arrivé de me demander ce que je faisais là, mais jamais dans l'intention de fuir. Juste dans celle de prendre du recul et de ne pas juger au premier abord.

Manger du chiot avec mes hôtes au Laos

31 décembre 2013. Je suis à 2 ou 3 kilomètres de la frontière entre la Thaïlande et le Laos. La capitale laotienne, Vientiane, est à quatre jours de nage. Un réveillon de fin d'année qui ressemble étrangement à tous les autres jours, puisque je suis en train de palmer énergiquement dans le Mékong. Les heures passent et il va falloir que je trouve un lieu pour reprendre des forces. Même si j'aime partager et rencontrer les gens, je cherche aussi à m'isoler pour recharger mes batteries et commencer l'année 2014 frais et dispos. La qualité de mon sommeil est primordiale. Fatigué, mais acharné, je scrute les rives pour tenter de dénicher le spot idéal où accrocher mon hamac. Il est 18 heures passées, le soleil commence à descendre et, tout en palmant, je vois au loin deux arbres qui semblent

parfaitement correspondre à ce qu'il me faut. Tout s'enchaîne dans ma tête. Je me vois déjà installer mon hamac, faire un feu, puisque c'est fête, cuisiner des noodles à l'ail, au gingembre et au piment, et, après ce fabuleux dîner, me coucher à 21 h 30, dernier carat. Ça va être de la bombe atomique.

Sans réfléchir, je prends la direction de mon petit coin de paradis. Je suis à peu près à 300 mètres lorsque j'entends le bruit d'un bateau à moteur qui arrive sur ma gauche. Tout en nageant, je tourne la tête et vois une pirogue en bois équipée de ce moteur spécifique à l'Asie dans lequel l'axe de l'hélice est très long. L'embarcation ralentit et s'arrête à mon niveau. Là, j'aperçois un homme aux cheveux noirs, imberbe, les yeux rouges, injectés de sang. Sur le moment, je ne comprends pas pourquoi il a un tel regard, mais j'en ai appris la raison par la suite. Récemment encore, en Asie, un homme sur deux consommait du yaba. Appelée aussi « drogue de la folie », cette amphétamine de synthèse se présente sous la forme d'un petit cachet rouge.

Le propriétaire du bateau me fixe et me dit de monter à bord. Pas vraiment rassuré, je lui fais signe que ce n'est pas la peine. Je n'ai même pas le temps de dire ouf qu'il attrape mon flotteur pour le mettre dans son embarcation. Puis c'est mon tour. Avec une force décuplée, et pour cause, il me hisse sur la pirogue. Voyant qu'il ne semble pas être dans son état normal, je ne bronche pas et je me tiens à carreau. C'est toujours difficile d'interagir avec des personnes droguées qui n'ont plus conscience des réalités.

On arrive sur la berge. Je découvre alors un petit village caché derrière la jungle, en bordure de fleuve. J'aperçois une maison sur pilotis et, au milieu, un grand feu, des bancs en bambou disposés en U autour du brasier et un énorme faitout juste à côté, à même le sol. Je vois également des dizaines de coquillages sur la terre battue noircie. En fait, ce sont les restes de leur repas, une soupe de fruits de mer – un plat très répandu dans ce coin de l'Asie.

Pour ne pas me montrer irrespectueux, j'accepte un peu de soupe, que je prends le temps de boire. On sort un peu d'alcool de riz pour célébrer la nouvelle année. Même si je sais qu'il ne faut jamais refuser de manger et toujours goûter ce qu'on nous offre, j'arrive discrètement à donner quelques petites choses aux quatre chiens qui jouent sur la placette du village. C'est certainement l'une des situations les plus cocasses de ma vie. Je n'ai alors aucun repère visuel qui me permette de me dire que c'est le Nouvel An. Pas de signe distinctif de fête. Les hommes sont pieds nus, en short, tee-shirt, et les femmes sont habillées simplement. Pour eux, c'est un jour comme un autre. Le village est perdu au milieu de nulle part et éloigné de toute civilisation, ce qui peut expliquer cette ambiance à mille lieues de toute festivité.

Je prends alors conscience du gouffre qui existe entre leurs habitudes et les nôtres, peuples occidentaux. En regardant autour de moi, je m'aperçois que tout est rudimentaire. L'électricité existe, mais pas dans toutes les habitations ; pas de route goudronnée, que des chemins ; les maisons sont en bois et en bambou, et les logements sont très spartiates. La principale préoccupation des habitants de ce village, c'est de manger chaque jour à leur faim et de vivre le plus simplement du monde. On dit que les odeurs sont un puissant marqueur de mémoire. Ce dont je me souviens par-dessus tout, c'est l'odeur du feu et le mariage des épices locales incontournables : ail, gingembre, piment. Le temps passe, je regarde ma montre, il est déjà quasiment 23 heures et je ne rêve que d'une seule chose, c'est d'aller dormir. Je les vois alors arriver avec un bidon en plastique opaque rempli d'un liquide que j'identifie tout de suite comme de l'alcool de riz. Je sens que je ne suis pas couché et que la nuit va être courte. Après avoir écoulé quelques litres de ce breuvage, l'un des hommes me propose de m'héberger. Je suis loin de ma soirée noodles et hamac à la belle étoile, mais ça fait partie de l'expérience. Lorsqu'on part à l'aventure, il y a forcément des imprévus avec lesquels il faut composer. Malgré les apparences, cela reste un très bon moment, car inattendu.

Pressé d'être dans les bras de Morphée, je grimpe sur la moto de mon hôte d'un soir, et nous voilà partis, lui au guidon, un peu éméché et hagard, et moi derrière, avec mon flotteur de 20 kilos collé contre moi, puisant dans les dernières forces qui me restent. Après un trajet quelque peu hasardeux, nous arrivons chez lui. Il habite une maison sur pilotis avec un toit très pentu et un porche devant l'entrée. Je monte par l'échelle et, arrivé en haut, pose mes chaussures dans l'entrée. L'homme me fait signe que je vais dormir ici, sous le porche, à l'extérieur, sur une grosse couverture. Une fois celle-ci installée, je sors mon sac de couchage et me prépare. Tout à coup, j'entends des motos qui viennent se garer juste au pied de la maison. En me penchant, j'aperçois celui qui m'a sorti de l'eau avec deux de ses amis. Le coucher est donc remis à plus tard... Sans que j'aie rien demandé, c'est reparti ! Alcool de riz, bières, cigarettes...

Cette petite sauterie prend fin à 3 heures. Autant dire que je suis alors dans un état de déliquescence avancée. Exténué, je ne suis plus vraiment étanche. On vient de passer trois heures à boire et à fumer, sans que je parle un seul mot de laotien. Une expérience hallucinante qui m'a permis de constater que certains produits facilitent les échanges... ou pas. Soudain, c'est la délivrance : les trois hommes se lèvent et disparaissent aussi vite qu'ils sont arrivés, dans la nuit noire. Un 1er janvier mémorable. Soulagé et heureux de pouvoir m'engouffrer dans mon sac de couchage, je ne demande pas mon reste et finis par m'écrouler. Sous le coup de la fatigue et de l'alcool, je m'endors en un temps record.

Sept heures du matin. Le réveil est sévère et matinal. Mon hôte me sort de mon lit de fortune en me baragouinant des mots que je ne comprends toujours pas. Comme il meugle dans mes moustaches, je m'habille et remballe mes affaires *illico presto*. Et me revoilà sur la moto de la veille pour faire le trajet inverse. Toujours avec mon flotteur à la main, et pas forcément l'énergie dont j'ai besoin pour repartir nager. Je me retrouve au bord du Mékong, les yeux fatigués, la tête à l'envers et avec une furieuse envie de dormir. La journée va être longue, très longue. Je viens de vivre un vrai moment de partage, même s'il n'était pas forcément très réparateur. Cent mètres plus loin, je vois une famille en train de cuisiner. Je les rejoins et je m'assieds avec eux. Les petits chiens de la veille sont encore là. Ils jouent et viennent me faire la fête. La mère de famille s'approche de moi et me fait signe de la suivre sur une maison flottante faite de tôles et de bambou, posée au milieu du fleuve. Petit moment de répit et de calme, avec tout de même un léger mal de crâne. Je partage le petit déjeuner avec cette famille. La quiétude fait du bien.

Au menu de ce repas matinal, il y a du riz, un saladier d'herbes vertes dans une sauce blanchâtre opaque, un récipient avec du jus et des morceaux de viande dedans et un tout petit bol contenant une sauce rouge pimentée. Par respect et pour ne pas passer pour un idiot, je les observe afin de prendre exemple sur leur manière de manger. Après quoi je me lance. Je fais une petite boule de riz avec ma main et je la trempe dans la boisson contenant les algues. Puis je prends un morceau de viande avec un peu de cette sauce rouge, et je mange le tout. Au fur et à mesure que je déguste mon plat, j'essaye de deviner ce que c'est. Pour le riz, les herbes et la sauce rouge, je n'ai pas trop de doutes. Le problème, c'est la viande. Impossible de savoir ce que cela peut être. De la Chine à l'Asie du Sud-Est, les méthodes de préparation de la viande sont très variées et très différentes de celles de la France, ce qui explique qu'il est parfois difficile de déterminer quelle partie de l'animal on est en train d'avaler. La seule chose que je sais, c'est qu'il y a des os. Imitant mes hôtes, je les balance au sol pour les chiens qui jouent autour de nous, par l'odeur alléchés. Et tout en dégustant ce mets finalement pas si mauvais, voire exceptionnel, puisque la viande est rare, mon esprit mouline. Je sors du plat une petite queue : « Ah, c'est du rat ! Comme ça, je mourrai moins bête et je saurai quel goût ça a ! »

Le festin continue. Je plonge encore la main dans le faitout et en sors une patte. Forcément, la théorie du rat s'écroule, ou alors il est d'un calibre que je ne connais pas. Tout en mâchouillant ma petite patte, je laisse mes yeux tomber sur les chiots qui ne nous quittent pas du regard, espérant pouvoir boulotter les restes. Pour confirmer ce qui vient de me traverser l'esprit, j'en attrape un au vol avec l'idée de comparer la patte du plat avec celle de l'animal bien vivant. D'un geste un peu hésitant et maladroit, je colle les deux membres côte à côte. Je repose le chiot tout content. C'est alors que je me rends compte que, la veille, ils étaient quatre à cet endroit, et non trois. J'ai beau compter et recompter, il en manque bien un à l'appel. Je comprends tout à coup où a fini le quatrième. Dans mon assiette. Je suis tellement choqué par ce que je viens de découvrir que je me mets à parler en français aux chiots : « Barrez-vous, les gars, vous êtes en train de becqueter votre frangine, et ce sera bientôt votre tour... » J'ai encore l'image de ces trois animaux assis l'un à côté de l'autre, avec la queue qui remue de joie, attendant que je leur donne à manger.

J'ai ainsi pris conscience que, malgré les *a priori*, le fait de partager avec autrui nous permet de dépasser certains préjugés et de repousser nos limites. Manger du chien, en France, c'est inimaginable, inconcevable. Pourtant, grâce à leur hospitalité et à leur volonté de partager ce moment, ces personnes ont réussi à me faire faire quelque chose d'impensable. Rien que pour ça, je ne regrette pas cette expérience. Une belle leçon de vie !

Qui dit partage dit rencontre. Ça semble évident. Lorsqu'on décide de partir à l'autre bout du monde, seul, pour aller découvrir de nouveaux paysages et de nouveaux visages, il faut être sociable. Celui qui s'imagine pouvoir vivre des instants magiques en occultant l'autre se trompe sur toute la ligne. Avec le recul, mon retour d'expérience est à la hauteur de ce que j'avais imaginé, et surtout recherché. Que de visages, que de noms, que de sourires et que de pleurs au détour des villes et des villages traversés depuis déjà dix ans ! Parmi toutes ces rencontres, il y en a forcément qui m'ont marqué plus que d'autres. C'est le cas de ce couple australien et de sa fille. Une histoire anodine qui, avec le temps, s'est transformée en une véritable amitié.

Rencontrer Guy, Elizabeth et Aubrey lors de mon expédition en Australie

Fin novembre 2011. Je quitte Melbourne pour remonter vers le nord. Deux solutions s'offrent à moi pour me rendre au prochain check-point : soit je m'engage sur la route n° 8 qui coupe à l'intérieur des terres, soit je prends la Great Ocean Road qui longe la côte et remonte jusqu'à Adélaïde. J'opte pour la seconde et commence à courir avec ma remorque chargée à bloc. Le chemin s'annonce long et difficile, mais le paysage me permettra de mieux digérer la distance. Après avoir parcouru quelques dizaines de kilomètres, je décide de faire une pause au bord de la route. Même si mon père y a mis tout son cœur, cette fameuse carriole que nous avons construite ensemble n'est pas un engin fait pour résister à tout et n'importe quoi. Par exemple, les pneumatiques sont des boudins de vélo de gamin. Ils n'étaient pas forcément adaptés au tout-terrain. Au bout de trois semaines de course à 10 kilomètres par heure, je suis loin de m'imaginer ce qui va m'arriver. Le frottement de la gomme sur le bitume abrasif et brûlant et le fait que nous n'ayons pas contrôlé le parallélisme avant mon départ ont fini par avoir raison de ma compagne de voyage.

Une vingtaine de jours seulement après le début de mon périple, je vis ma première crevaison. Dépité, un peu perdu, je décide de m'arrêter sur le bas-côté. Assis en tailleur par terre, je commence à inspecter la roue qui a rendu l'âme. Je sors tout le matériel de fortune que mon père m'a laissé : quelques clés, des tournevis et des rustines au cas où. Autant dire que, là, j'ai de quoi tester mon dispositif de secours. L'autre difficulté dans le bush australien, c'est la rareté de l'eau. Quand je suis chez moi, en France, je connais la technique : gonfler à bloc la chambre à air pour ensuite la plonger dans l'eau et repérer le trou grâce aux bulles qui se forment. Ici, pas question de gâcher une ressource aussi précieuse pour réparer un pneu. C'est donc avec ma langue que je cherche le petit courant d'air s'échappant de la gomme usée. Une galère sans nom, surtout quand on n'a qu'une seule envie : avancer.

Tandis que je bataille avec ma roue, je vois une voiture arriver à ma hauteur, faire demi-tour et se garer juste devant moi. C'est un grand break, appelé aussi *station wagon* en Australie. Je vois descendre Guy, un homme assez grand aux cheveux frisés et portant des lunettes, suivi d'Aubrey, une jeune fille aux cheveux longs, et d'Elizabeth, sa maman. Je l'ai su par la suite, Guy n'est pas le père naturel d'Aubrey. Me voyant bien en peine, ils me proposent leur aide. Ce n'est pas de refus. En deux temps, trois mouvements, le pneu est vérifié, gonflé, remis en place, et ma carriole est à nouveau opérationnelle. Je fais un test en trottinant avec la remorque accrochée à mes hanches. Tout semble parfait. Je peux repartir, avec l'idée tout de même de changer mes pneus dès mon arrivée à Adélaïde.

Sans même me poser la question, le couple me donne quelques petites choses à manger. Sa bienveillance et sa gentillesse me réconfortent, surtout après un tel coup au moral. Aubrey me demande si j'ai un carnet pour écrire. Je lui réponds par l'affirmative. Je la vois prendre un stylo et noter leurs prénoms et nom, ainsi que leur adresse complète et leur numéro de téléphone. « Quand tu arrives à Adélaïde, surtout, tu nous appelles et on viendra te récupérer. Comme ça, si tu le souhaites, tu pourras passer un peu de temps à la maison, et, pourquoi pas, améliorer ta remorque ! » Une fois mon matériel remballé, je les salue et reprends ma route. Je réussis à remonter jusqu'à Adélaïde avec mes pneus pourris, tant bien que mal. Sur place, je décide de les contacter, comme ils m'en ont si gentiment fait la proposition.

En arrivant, je ne sais pas du tout comment cela va se passer. Finalement, je reste cinq jours chez eux à partager leur quotidien. Ils me prêtent une chambre et me considèrent quasiment comme un membre de leur famille. Même si je sais que la bienveillance existe sur cette planète, une telle démonstration me scie. La seule image de moi qu'ils aient à ce moment précis, c'est celle d'un Français croisé au bord d'une route, avec une barbe de trois semaines et des cheveux sales, venu traverser l'Australie en courant, accompagné d'un engin pas forcément adapté. Durant cette petite semaine, Guy me propose de bricoler la remorque pour la rendre un peu plus solide et apte à affronter les quatre-vingts jours et quatre mille et quelques kilomètres qu'il me reste pour atteindre mon objectif. Les soudures refaites et la structure renforcée, je me sens plus en sécurité pour affronter le bush et les surprises qui m'attendent. Il y a aussi le sac en toile de jute sur lequel j'ai écrit : « *Running for charity* ». Guy me fait une réflexion pertinente : « Comment veux-tu que les gens sachent que tu soutiens une association si tu ne l'écris nulle part ? » Effectivement, cela semble élémentaire, mais ce sont souvent les choses les plus simples qui nous échappent. Allez savoir pourquoi ! Je rappelle aussi que nous sommes en 2011 et que les réseaux sociaux ne sont pas développés comme aujourd'hui. Pour partager, il faut être pragmatique, vif et débrouillard.

Au bout de cinq jours, me voilà reposé, ma machine roulante rafistolée. Nouveau cadre, nouveaux pneus, renforts métalliques de partout. Cette fois, c'est sûr, je peux aller affronter le désert australien. Je promets à Guy, Elizabeth et Aubrey de leur donner de mes nouvelles lorsque j'arriverai à destination.

Une fois mon parcours terminé, à Darwin, je me débrouille pour repartir à Melbourne en faisant un crochet par Adélaïde. Cette fois, je reste une quinzaine de jours chez ceux qui sont encore aujourd'hui ma famille de cœur. Je participe à leur vie quotidienne. Grâce à eux, je découvre à vélo l'une des plus anciennes régions viticoles d'Australie, la Barossa Valley. Je constate également la passion des Australiens pour le café. Là-bas, cette boisson chaude est plus qu'une habitude, c'est une religion. Le pays vit au rythme du café, et le barista, ou *coffee maker*, joue un rôle clé dans la vie de chacun. Mes amis me font aussi découvrir le volet écomobilité d'Adélaïde. Tout est pensé pour que les habitants utilisent le vélo. La ville a fait le choix il y a très longtemps de transformer des kilomètres de voies ferrées en voies vertes. Je me suis senti plus que jamais conforté dans mes ambitions et mes convictions écologiques. Ces quinze jours ont représenté un vrai moment de partage sincère et bienveillant.

Lors de mes deux premières expéditions, je ne pouvais compter que sur moi-même, puisque j'étais en autonomie. J'ai pu rencontrer énormément de personnes et partager avec elles. Pour ma troisième aventure, vécue en France, j'ai eu la chance de connaître les joies du travail en équipe. En effet, le projet était beaucoup plus lourd et nécessitait une assistance, notamment logistique. Une première pour moi : il a fallu que je combine exploit sportif et gestion humaine. Une expérience qui m'a permis de découvrir des femmes et des hommes au grand cœur, mais également la difficulté du management sportif. Souffrir pour apprendre : l'une des clés de la réussite pour un aventurier explorateur contemporain.

Collaborer avec les bénévoles du tour du littoral français à la nage

1er juin-16 septembre 2018. « On a fait un tour de France à la nage », dis-je pour décrire cette aventure. « Ah, mais vous étiez plusieurs à nager ? » me demande-t-on. Je rebondis chaque fois : « Non, j'étais tout seul à nager, mais il y avait un groupe de bénévoles. Et pour moi, on n'a fait qu'un pendant trois mois et demi. » C'est long, quinze semaines, surtout quand on les passe en équipe. Je devais me concentrer sur mon défi et en même temps être à l'écoute de ceux qui me soutenaient, dont certains avaient pris des congés sans solde afin de vivre ce moment avec moi. Et je ne parle pas de tout ce qui a été construit avant le jour J. Tout cela mis bout à bout donne une énergie et une émotion extraordinaires. Le pouvoir prodigieux de la collectivité *versus* ses failles. Je me souviens de fous rires, de prises de tête, d'altercations gigantesques. Même si, parfois, l'ambiance était tendue, je suis certain que tous les bénévoles participants ont gardé un souvenir mémorable de ces instants vécus ensemble.

Ce que je trouve délicat dans le bénévolat, c'est que l'on donne de son temps et de son énergie, deux choses de grand prix. En effet, le temps offert ne se rattrape jamais. C'est un vrai don de soi qui me touche particulièrement. Je pense à Yann, Valentin, Audrey, Marie, Thibault et à tous les autres. J'ai encore leur visage en mémoire et je les revois à chaque étape avec cette envie constante de bien faire et de remplir leur mission.

À mes yeux, le temps est la chose la plus précieuse au monde. L'argent va et vient, on en perd et on en gagne, et on peut toujours en récupérer, même au fond du trou. Mais le temps ne se rattrape jamais. Chaque heure, chaque minute, chaque seconde qui passent sont définitivement perdues. Nous sommes sur terre pour une période déterminée. C'est pourquoi faire le choix de donner de son temps pour quelque chose qui ne nous concerne pas directement, accepter de partager ce bien précieux pour faire avancer le rêve de quelqu'un d'autre est le plus beau cadeau que l'on puisse faire. J'en ai pris réellement conscience sur le tour de France à la nage.

Le partage ne se limite pas aux bénévoles ni à l'équipe sur le terrain. Il se crée aussi avec le public une symbiose incroyable qui nous insuffle une énergie folle. Je me souviens que, au fur et à mesure des étapes, l'engouement est devenu de plus en plus grand. On a reçu des centaines de messages par jour. Il y avait même des gens qui voulaient venir nager avec moi pour m'encourager. Un peu comme quand Forrest Gump se met à courir et qu'une foule le soutient. Une émulation qui fait un bien fou et qui montre qu'il est encore possible de mobiliser lorsqu'on parle avec le cœur, tout simplement. Sans compter les personnes qui ont proposé de nous héberger chez elles ou de nous donner de leur temps pour que le défi aille au bout. Le jour de l'arrivée, nous sommes accueillis dans une liesse indescriptible qui, forcément, n'a rien à voir avec ce que j'ai connu lors de mes deux premières expéditions. Un vrai moment de folie douce et de communion, rassérénant tant pour l'esprit que pour l'âme. On se sent empli de gratitude, avec l'envie de dire merci toutes les cinq minutes.

Lorsque j'arrive sur la plage du Larvotto, à Monaco, je suis exténué, rincé, et je n'ai qu'une seule envie : m'effondrer sur le sable pour souffler et prendre conscience de ce que nous avons réussi. Eh oui, *nous* ! Autour de moi, lorsque je prononce ces mots, certains me regardent et me disent : « Mais pourquoi *nous* ? C'est toi qui as nagé ! » Oui, c'est vrai que c'est moi qui ai transpiré et donné de mon énergie pour boucler ces 2 650 kilomètres à la nage. Mais, sans cette équipe, y serais-je arrivé ? Je n'en suis pas sûr du tout. J'aurais peut-être lâché, craqué, je n'aurais peut-être pas terminé, j'aurais peut-être laissé tomber, sûrement même. En tout cas, je n'aurais jamais pu accomplir cet effort dans ces conditions et aussi rapidement. Une fois de plus, c'est le travail d'équipe, le partage des tâches, le fait que chacun savait ce qu'il avait à faire et à quel moment qui ont permis de réaliser cet exploit. Nager 30 bornes par jour pendant douze heures, gérer l'eau, la nourriture, les points de repos, les lieux de conférence avec le public, les dispositifs de sécurité, les relations avec les communes... J'en passe, et des meilleures. On a l'impression que c'est simple, mais c'est un vrai barnum qui se déplace de ville en ville. J'en suis fier, à un point inimaginable.

Pour ma part, je supervise seulement la sécurité. Rien que ça, c'est un boulot dingue. Certes, il y a le bateau de secours qui me suit, mais il faut également coordonner les services concernés. Police, pompiers, équipes médicales : tous doivent être prêts en amont. Sans compter le travail administratif, pour que les étapes se mettent en place au fur et à mesure sur le terrain. Le fait que tout soit carré, tiré au cordeau, apporte un vrai confort physique et psychologique, ce qui est loin d'être négligeable. L'installation du fanion d'arrivée signifie que tout a été parfaitement coordonné et que chacun a fait son travail. C'est rassurant et plaisant, et cela ne peut que me donner l'énergie nécessaire pour avancer et aller au bout. Comme quoi, le partage peut donner des ailes.

Je garde notamment un souvenir mémorable d'une soirée en Méditerranée. Contrairement aux autres soirs, nous n'avons pas d'endroit où dormir. Il fait bon, donc nous décidons de dormir sur la plage. Pour être sûrs que le vent ne nous dérangera pas, nous mettons le bateau pneumatique dans le sens de la longueur, parallèle à la mer. Même s'il ne fait pas froid, il y a un vent à décorner les bœufs. J'interpelle mon équipe de bénévoles : « Comme le vent vient de terre, on n'a qu'à se mettre côté mer, tous les uns à côté des autres, pour se protéger des bourrasques. » Nous fixons le pneumatique pour éviter qu'il ne se retourne sur nous, et le tour est joué. Une vraie colonie de vacances.

Cette notion de « faire ensemble » pour construire quelque chose de beau me plaît. C'est même mon moteur principal. Quand j'ai l'occasion d'embarquer des personnes pour leur faire toucher du doigt les problématiques rencontrées sur le terrain, j'attends de leur part une implication totale et sincère. Une qualité indispensable et intrinsèque à mon métier. J'ai conscience de la grande chance que j'ai de vivre de ma passion : partager ces moments avec d'autres me donne envie de me dépasser et d'aller encore plus loin. Cela peut paraître bizarre, mais c'est exactement comme cela que je le vis au quotidien. Donner aux autres pour qu'eux aussi puissent donner autour d'eux. Voilà comment j'ai vécu ce tour du littoral français. Je l'ai constaté tous les jours auprès de ceux qui nous ont accueillis dans chaque ville étape. Le fait que cela se passe dans mon pays, sur un territoire familier où je me sens chez moi, m'a permis de vivre agréablement ces moments autrement qu'en solitaire. Finalement, la mémoire a cette force qui consiste à garder les bons moments et à transformer les mauvais. On sourit des expériences positives et on rit des galères vécues.

Partager des moments, des instants, des bouts de vie. Parmi toutes les choses que m'apportent mes expéditions, c'est ce qui me permet d'avancer, de repousser mes limites, d'aller encore plus loin. Passer du temps avec les personnes qui croisent mon chemin me donne une pêche d'enfer. À chaque destination son lot de surprises, et il faut dire qu'en

Asie, le contact s'établit pour toutes sortes de raisons, sauf par intérêt. Il est spontané, volontaire et réciproque.

Passer un moment convivial avec des ramasseurs de riz en Chine

Fin octobre 2013. Ça fait trois semaines que j'ai entamé mon périple casse-cou au fil du Mékong. Parti du Tibet, je chemine le long de la partie chinoise du fleuve et passe un barrage hydroélectrique après l'autre. Après en avoir laissé deux derrière moi, je suis en train de nager sous un soleil magnifique. De quoi oublier les premières douleurs qui se font sentir. À force d'enchaîner les journées à raison de dix à quatorze heures d'immersion, mon corps reste en alerte et n'hésite pas à me prévenir si je tire trop sur la corde. Rien à voir avec l'Australie, où j'étais sur la terre ferme. Ici, l'eau me fait perdre mes repères terrestres et m'oblige à plus de vigilance, plus d'efforts et surtout plus de ressentis. Ce sont des sensations nouvelles et je dois encore prendre mes marques. Lorsque je franchis un barrage et que je me retrouve en contrebas, le courant naissant est plus faible, un peu comme la source d'une rivière. L'autre particularité est que les bassins de rétention d'eau se succèdent. Très vite, une certaine monotonie peut s'installer, d'où l'importance de ne pas relâcher son attention pour éviter le pire.

Hyper-concentré, j'avance principalement au mental, tout en mobilisant mes capacités physiques afin de ne pas me faire emporter, même si le courant n'est pas si fort que ça. Être capable de progresser activement le long du Mékong sans m'épuiser : telle est ma mission quotidienne. En même temps que je me laisse glisser sur l'eau, mon regard se dirige vers la droite, où j'aperçois des plateaux sur lesquels se dessinent des rizières. Des cultivateurs sont en train de travailler sur l'une des parcelles. Je les vois s'activer, armés d'une faucille, courbés à quatre-vingt-dix degrés, en train de ramasser le riz. D'un geste furtif, tout en dévalant les eaux, je leur fais coucou. Sans vraiment que je m'y attende, certains répondent à mon geste et me font signe de les rejoindre. Surpris et heureux de pouvoir communiquer avec eux, je décide de dériver vers la berge pour aller à leur rencontre. Je sors de l'eau, pose mon flotteur, enlève mes palmes, retire mon casque, puis je m'avance vers eux. Apparemment, ma démarche leur fait plaisir. Plus je m'approche, plus ils sont nombreux à interrompre leur travail et à laisser leur outil pour venir vers moi. Je me dirige vers un arbre situé sur l'un des coins de la parcelle, rejoint par une bonne partie des cueilleurs, et nous nous asseyons par terre sous les frondaisons.

Avant même que je puisse dire quoi que ce soit, ils s'activent et apportent de l'eau chaude pour servir du thé. Très vite, la discussion est lancée et les cigarettes commencent à passer de main en main. Sans le faire exprès, je suis arrivé quasiment à l'heure du casse-croûte. Tout en buvant leur boisson et en tirant sur leur mégot, ils me font comprendre que je suis leur invité, si j'accepte de partager leur repas.

Pendant que j'échange avec eux, je devine au loin une femme qui descend la colline en touk-touk. Elle se gare à proximité et nous rejoint, chargée d'une énorme marmite qu'elle pose à même le sol. Tout le monde s'affaire. On sort des bols, des baguettes, et c'est parti pour un bon festin. Comme d'habitude, je prends le temps d'observer avant de me précipiter, pour n'offenser personne. Une fois que j'ai compris la technique, je reproduis exactement leur geste : je prélève du riz pour l'orner d'un morceau de viande, du coq en l'occurrence. En Chine, il y a une expression : « On mange tout ce qui a quatre pieds, à part les tables, tout ce qui vole, à part les avions, et tout ce qui nage, à part les sous-marins. » En résumé, peu de choses sont considérées comme non comestibles. Dans ce fameux coq, par exemple, tout, à part les plumes et les griffes, est cuisiné et accompagné d'épices. Sauf que moi, j'ai tiré le gros lot. Dans mon bol, j'ai hérité de la tête.

Je me fais expliquer comment déguster ce mets local et m'exécute sans broncher. En même temps, je tente de me faire comprendre en baragouinant quelques mots, avec des gestes simples. Au bout d'une heure, alors que mes hôtes se lèvent pour retourner travailler, l'un d'entre eux me fait signe de rester assis et de profiter du moment. Sauf que l'envie me prend d'aller leur donner un petit coup de main avant de poursuivre mon chemin. Me voilà avec eux, sur la parcelle, à ramasser le riz. Il faut dire que la mécanique est bien huilée. Il y a des femmes qui coupent le brin avec leur faucille et font ensuite de petits paquets. Les hommes récupèrent les tiges coupées pour les frapper avec force sur le coin d'une grande caisse en bois et faire tomber les grains de riz à l'intérieur. Comme rien ne se perd, les épis vidés de leurs grains sont ensuite mis de côté pour être transformés, par exemple, en balais. Je ramasse et tape les brins à mon tour ; une fois les caisses pleines, nous les vidons dans d'énormes sacs qui sont ensuite ficelés et stockés.

Sans même m'en rendre compte, je passe la journée avec eux, à couper, ramasser, taper. Le soleil amorce son coucher, et je décide de chercher un endroit pour installer mon hamac avant de repartir le lendemain matin. Le responsable de l'exploitation me fait alors comprendre qu'il a un tout autre plan pour moi. Il souhaite que je reparte avec eux pour dormir sous leur toit. La journée se termine enfin, j'aide à charger les sacs de riz sur le fameux touk-touk. Entre le poids à tracter et la boue dans laquelle l'engin s'enfonce, c'est à se demander si nous allons réussir à faire le trajet. Entre-temps, l'homme qui m'a proposé de dormir chez lui me demande si je sais conduire une moto. Je lui réponds par l'affirmative et me retrouve chargé de redescendre tout en bas pour récupérer son deux-roues. Sans même réfléchir, je m'exécute, et me voilà dévalant la pente pour remplir ma mission. Puis je lui rends son bien, et, une demi-heure plus tard, nous arrivons devant sa maison.

Contrairement à d'autres logements isolés, le sien est plutôt bien équipé : il a une pièce avec une machine à laver, un petit panneau solaire pour faire chauffer l'eau, une douche. La maison donne sur une grande cour intérieure où vivent deux gros buffles avec de grandes cornes. Une fois fini le tour du propriétaire, il me montre l'endroit où je suis censé dormir et me propose de passer la soirée avec lui et son épouse. Alors que la soirée touche à sa fin, l'homme me fait signe de le suivre et m'emmène vers une petite pièce dont il est très fier. C'est la salle télé. À peine suis-je installé que la fatigue commence à m'envahir. Mes yeux se ferment de temps en temps. Il faut dire que la journée n'a pas été de tout repos. Même si je n'ai pas nagé, je me suis dépensé.

Je finis par remercier le couple et par aller me coucher. Il ne me faut pas beaucoup de temps pour m'endormir. Je prends conscience de l'élan d'hospitalité manifesté par cet homme que je ne connais même pas. Un état d'esprit propre à ce pays, où l'accueil et le partage font partie de la philosophie des habitants. Et le fait que j'aie spontanément proposé mon aide les a touchés. Un moment gagnant-gagnant, si important à mes yeux. Je trouve dans ces instants de partage l'essence même de ce que je suis venu chercher : découvrir, partager, apprendre et aller vers l'autre. Avec en plus la confirmation de ce principe quasi physique et tellement naturel : quand tu donnes avec le cœur, tu reçois forcément avec le cœur. Certains appellent cela la loi de l'attraction.

Après une bonne nuit, mon hôte me propose de me reconduire au bord du Mékong avec sa petite moto. Je récupère mon flotteur et mes palmes, que j'ai laissés la veille sur la parcelle de terre. Une fois équipé, je me prépare au départ et me retourne en le regardant droit dans les yeux. Fouillant dans mon portefeuille pour en sortir un billet de 100 yuans, je le lui tends. D'un geste doux et délicat, l'homme attrape ma main et la referme sur le billet : « Non, non, non ! » Il ajoute dans un anglais approximatif : « Je ne veux pas du billet, mais, s'il te plaît, reviens ! » Ce moment tellement émouvant réussit à me tirer une larme. Je prends conscience que les dernières vingt-quatre heures sont exactement à l'image de ce que j'aspire à trouver au cours de mes expéditions. Tout est réuni : des rencontres vraies, simples, authentiques et humaines. Ces personnes n'ont rien, mais elles ont voulu partager avec moi le peu qu'elles ont. La vie, tout simplement.

Dans ma courte existence d'aventurier explorateur, il y a eu un tournant. Une révélation. Alors que j'avais réalisé deux aventures en solo sans assistance, une opportunité s'est offerte à moi sans que je la provoque. En pleine traversée du désert, un simple coup de fil a donné un second souffle à ma carrière. C'est celui de la société qui produit l'émission « Wild », inspirée d'un programme anglais diffusé sur la BBC. Elle me propose de participer à leur première en France. Ce que je ne sais pas encore lorsque j'accepte, c'est que je vais non seulement découvrir de nouveaux visages, mais aussi me découvrir moi-même un peu plus. Comme quoi, partager est bien plus qu'un acte. C'est un moyen dc s'élever et de grandir.

Participer en tant qu'expert à une émission de télévision sur la survie

Nous sommes en 2017. Depuis deux ans, je galère à programmer une nouvelle aventure. J'imaginais que, après avoir traversé l'Australie à pied et descendu le Mékong à la nage, j'allais enfin pouvoir vivre de ma passion : l'aventure et l'exploration. Malgré tous ces efforts et ce dépassement de soi, rien de nouveau à l'horizon, calme plat. Pire, j'ai dû reprendre des petits boulots pour pouvoir vivre. J'ai le moral dans les chaussettes. C'est alors que, en avril, je reçois ce fameux coup de fil qui bouleverse ma vie. On me propose de devenir l'un des experts dans cette course de survie télévisée. Me voilà parti pour plus de cinq semaines d'aventure sur deux continents, l'Afrique et l'Amérique du Sud.

Le tournage a lieu en juin. Avant de partir, la production nous accueille pour nous expliquer le principe. Celui-ci est simple : sept binômes de deux concurrents – un expert et un novice – sont disposés tout autour d'un cercle virtuel et doivent se rendre par leurs propres moyens au centre de ce cercle. Pour ce faire, chaque équipe dispose en tout et pour tout d'un GPS. Ni eau, ni nourriture.

Surtout, et c'est là que les choses se corsent, le temps limite pour atteindre le point d'arrivée est de trois jours. Par moments, les esprits s'échauffent et les émotions sont lourdement mises à contribution.

En tout, cinq biotopes sont proposés aux candidats. Le premier, c'est la savane. La production nous emmène au Botswana. Un environnement sauvage et magique. Les conditions sont idéales pour commencer. Il fait chaud, le climat est aride, mais la difficulté reste surmontable. Ça me rappelle un peu l'Australie. Dans cette épreuve, mon binôme termine deuxième. Puis nous nous rendons dans le désert du Kalahari, à la frontière entre la Namibie et l'Afrique du Sud. Un désert de sable, comparable, là encore, à l'environnement que j'ai connu dans le bush australien.

Ensuite, nous quittons le continent africain pour atterrir en Amérique latine. Première destination : la Bolivie et sa jungle amazonienne. Les conditions sont totalement différentes. Un univers étouffant. La canopée est formée par une végétation tellement dense qu'elle m'empêche de voir le ciel, avec un taux d'humidité à 100 % et très peu d'eau, et la sensation que la forêt tout entière veut nous engloutir. Avant-dernier biotope : un désert d'altitude qui s'appelle le Tupiza. Une ambiance de cow-boys, avec de grands canyons et un mal aigu des montagnes. Une belle difficulté, même si l'on n'est pas encore très haut. Et la cerise sur le gâteau pour terminer : la cordillère royale des Andes, à 5 300 mètres d'altitude. Un autre univers fascinant, plus sensible sur la gestion de l'air, et des décors splendides. Une fois que toutes les équipes sont arrivées, les deux derniers binômes s'affrontent pour être départagés. Donc, à la fin de chaque émission, une équipe se fait éliminer.

Deuxième, premier, troisième, premier et enfin deuxième : j'ai la chance de ne pas participer à une seule épreuve d'élimination. Le fait d'être toujours sur le podium permet de gagner confiance en soi et d'avancer plus sereinement. Ce qui est intéressant dans ce genre de jeu, c'est que, à mesure que la fatigue augmente, les affinités grandissent entre les concurrents, experts et novices confondus. On apprend à appréhender les réactions de chacun. En les observant, en discutant avec eux au coin du feu le soir, on découvre qui ils sont, leurs points forts, mais aussi leurs points faibles. Les conditions étant exceptionnelles, les réactions sont exacerbées, et on apprend aussi à interagir. Beaucoup de personnes m'ont dit par la suite que ce que j'ai fait dans « Wild » s'appelle du coaching. Même si la survie est au cœur du programme, le fait d'être là en tant qu'expert pour accompagner un novice implique de le conduire en trouvant les mots justes et de lui transmettre des savoirs tout en lui donnant confiance en lui et en l'encourageant. Effectivement, dans la vraie vie, c'est le travail d'un coach. L'expérience est riche, puisque, à chaque étape, on change de binôme. Pour ma part, j'ai partagé l'aventure avec Laurence, Laura et Emmanuel. Trois personnalités différentes, trois caractères différents.

Dernier plateau à plus de 5 000 mètres d'altitude, sur la cordillère royale des Andes. Les enregistrements sont pratiquement terminés. On va jouer la finale. Il reste donc trois binômes autour du fameux cercle, prêts à s'affronter. Stéphane Rotenberg, le présentateur, s'adresse à chaque candidat. Lorsqu'arrive mon tour, il me demande : « Rémi, l'aventure touche à sa fin. Bientôt la finale entre deux équipes. Comment avez-vous vécu cette aventure ?

– Eh bien, j'ai trouvé ça sympa, rigolo. Rien d'exceptionnel. Maintenant qu'on a fini l'échauffement, on va pouvoir partir à l'aventure ! » lui réponds-je le plus honnêtement du monde.

Je vois son regard étonné, voire suspicieux. Du coup, je poursuis : « J'ai traversé l'Australie pendant plus de trois mois, seul, sans caméra et sans assistance. Pendant six mois, j'ai descendu le Mékong à la force des bras, et là aussi seul, sans assistance. Donc, j'ai vraiment apprécié le fait de découvrir cinq univers, cinq biotopes différents, le tout en quinze jours. Mais cette aventure m'a vraiment plu pour le partage avec des femmes et des hommes que je ne connais pas. Parce qu'elle m'a permis de me rendre compte que je suis capable de vivre une aventure à plusieurs, et pas uniquement seul. J'ai découvert grâce à ce jeu que Rémi Camus est capable d'emmener quelqu'un dans ses périples. Et ça, c'est une belle victoire ! »

Avec « Wild », j'ai pris conscience que je pouvais aussi transmettre, donner aux autres la possibilité de vivre des émotions fortes et de repousser leurs limites. J'ai réussi à passer ce cap que, inconsciemment, je n'avais jamais osé franchir. Tout ça grâce au partage qu'impliquait ce jeu. Comme tous les candidats, je suis parvenu à repousser mes limites et à dépasser mes craintes. Même si je savais que j'étais capable de transmettre, puisque je le fais lors de mes conférences, j'ignorais si, sur le terrain, j'aurais la même acuité. Aujourd'hui, j'ai la réponse, et je l'ai d'ailleurs mise à profit en lançant des stages de survie en groupe. Les avis de ceux qui m'ont découvert au cours des semaines dans l'émission m'ont réjoui. Beaucoup m'ont dit avoir apprécié ma faculté à transmettre et à écouter l'autre pour mieux le faire avancer. Au-delà de l'exposition médiatique, qui m'a été utile par la suite, ce que je retiens réellement de cette aventure extraordinaire est le fait d'avoir pu me confronter à la peur, à l'angoisse des autres dans des milieux hostiles. En fait, j'ai aimé communiquer mes connaissances à ceux que j'ai accompagnés.

L'un de mes plus beaux souvenirs est avec Emmanuel lors de l'avant-dernier trek. Nous sommes à 8 kilomètres de l'arrivée, mon équipier est complètement épuisé, à bout de forces. Pour lui redonner un peu d'énergie, je m'adresse à lui : « Écoute, Emmanuel, tu vas me donner ton sac à dos et tu vas prendre le GPS. À partir de maintenant, tu ne regardes pas en arrière, tu te concentres sur le point d'arrivée et uniquement sur ça. Tu traces sans réfléchir et tu ne t'occupes pas de moi, je vais te suivre. OK ? » C'est ce qu'il fait, et nous réussissons à regagner le temps perdu. Nous dépassons tout le monde et rattrapons même l'équipe de tête, avant de planter notre couteau en signe d'arrivée juste sous les yeux de nos adversaires. Je me souviens du visage d'Emmanuel et de son regard ému. Après l'aventure, il m'a fait part des remerciements de sa mère pour avoir réussi à le pousser dans ses derniers retranchements : elle ne l'avait pas reconnu. Ça m'a touché d'avoir contribué à ce moment de fierté.

Rencontrer des personnes déterminées à se dépasser et fières d'être allées au bout m'a aussi reboosté et redonné confiance en moi. Grâce au partage, j'ai découvert un pan de ma personnalité que je ne connaissais pas. Une fois de plus, c'est l'aventure intérieure qui est certainement la plus intense. Partager avec autrui permet d'échanger, d'apprendre, mais aussi de mieux se connaître, de mûrir et de profiter encore plus de chaque instant. J'ai vécu un tel enrichissement personnel que cela m'a transformé, comme tous les autres candidats sans doute. Aujourd'hui, je sais que je peux accueillir des personnes qui ont envie de repousser leurs limites et qui veulent le faire sereinement. J'ai acquis l'assurance et la confiance nécessaires pour offrir aux autres ce cadeau qu'ils viennent chercher pendant un stage de survie, que ce soit durant un week-end ou plus. Partager, c'est se forger des souvenirs qui deviennent des piliers sur lesquels on peut s'appuyer solidement pour avancer.

Partager, c'est aller vers l'autre, mais c'est aussi et surtout ne rien attendre en retour. C'est en même temps accepter de recevoir. Respecter l'équilibre, c'est s'assurer que la boucle sera bouclée.

Bizarrement, accepter de recevoir de ses proches ou de son cercle restreint de connaissances peut parfois être difficile. Le fait que d'autres fassent la démarche de donner quelque chose nous gêne, nous indispose. Mais il faut apprendre à faire avec. Ce sentiment, je le ressens moins fortement pendant mes aventures. Quand je pars à l'autre bout du monde pour découvrir, pour explorer, recevoir des autres me semble équilibré et juste.

J'aime être à l'écoute de l'autre, car c'est un moyen efficace de partager et de donner. C'est le cas lors des stages de survie avec des apprentis curieux de découvrir mon univers, de vivre des sensations semblables aux miennes. Partager, à ce moment précis, c'est savoir s'ouvrir à l'autre et se mettre à sa hauteur. Indirectement, c'est aussi respecter ses choix et ses envies pour trouver le bon équilibre et avancer ensemble. La notion de partage est indissociable de celle de tolérance, mais surtout de celle de communication. Savoir partager, c'est savoir communiquer.

Le partage a toujours fait partie de ma vie. Je le ressens comme quelque chose de logique et d'incontournable. Il fait partie de mon ADN. J'en ai besoin pour évoluer, pour apprendre, pour grandir. Quand je donne des conférences, quand je vais dans les écoles, quand je prends la parole en public, c'est pour donner du sens à ce que je fais tout en respectant mes propres valeurs. Plus qu'une simple habitude, c'est un vrai réflexe. Je ne pourrais pas me regarder dans la glace si je n'étais pas aligné, ancré.

6

Le respect

Se respecter soi-même, respecter les autres, respecter une culture, c'est l'une des choses les plus importantes pour se faire accepter, et donc pour vivre une aventure.

La notion de respect met parfois du temps à s'imposer à l'intérieur de soi. Même si elle peut sembler dérisoire, voire anecdotique, elle est à la base de tout. Avec le temps, toujours et encore, mais aussi avec la maturité, on apprend à accepter que tout n'est pas parfait et à s'accepter soi-même. L'une des conditions incontournables du bonheur sur terre, c'est de se respecter. Respecter ses choix, ses principes, ses envies et ses émotions, c'est la formule gagnante pour une vie harmonieuse et sincère. Respecter les autres, c'est aussi se donner la chance d'élargir le champ des possibles, donc d'avancer dans le bon sens.

Quand on décide de devenir aventurier explorateur, la part d'acquis intervient autant que la part d'inné. L'acquis, ce sont souvent des histoires lues, vues ou entendues, racontant la vie de ces grands personnages qui ont traversé les siècles. Avoir une passion, c'est aussi honorer la mémoire de ceux qui ont choisi, un jour, de suivre le même parcours. Pour ma part, j'ai une immense gratitude envers ces femmes et ces hommes qui ont su vivre leurs rêves, et un très grand respect pour tous ces exploits réalisés, bien souvent, au péril de leur vie. L'envie m'habite de les faire découvrir à d'autres. Des petits pas pour les hommes, mais des grands pas pour l'humanité.

Relater la mémoire des anciens et leurs expéditions : une source d'inspiration

Sacrifice. C'est le premier mot qui me vient à l'esprit lorsque je pense à nos ancêtres. Partir à l'aventure aujourd'hui ne signifie pas la même chose qu'il y a cent cinquante, cent, voire cinquante ans. Psychologiquement, physiquement, les conditions n'étaient définitivement pas comparables. Au XXIe siècle, l'aventure a une autre saveur que jadis. Lorsque des navigateurs partaient découvrir de nouveaux mondes, ils étaient envoyés par des gouvernements, des souverains, des entités politiques quelconques. Il y avait alors un double objectif : celui de partir à l'aventure et d'être le premier à poser le pied en terre inconnue, et celui d'accomplir avec honneur la mission que l'on s'est vu confier. Généralement, ils y consacraient leur vie entière, passionnément. Ces explorateurs d'un autre temps menaient un combat contre la nature et contre le temps.

Aujourd'hui, cette notion de combat est beaucoup moins présente. L'affrontement avec des environnements hostiles est toujours une réalité, mais il a changé de forme. Grâce aux avancées technologiques qui ont permis d'éradiquer certaines maladies et d'améliorer les performances physiques, partir à l'aventure relève plus du défi personnel. Cela n'empêche pas qu'il existe toujours de nouvelles causes à défendre, comme l'écologie et la protection de la planète. Avant, l'homme partait à la découverte de nouveaux horizons pour élargir son champ de connaissances ; aujourd'hui, il part à l'aventure pour constater ce qu'il a détruit ou souillé en moins d'un siècle. De surcroît, il s'engage pour tenter d'inverser la tendance et de marquer les esprits par une prise de conscience. Le retournement des pôles peut faire trembler.

Dans l'histoire de l'exploration, il y a eu différentes étapes. L'homme a d'abord cherché à aller plus loin. Il s'est attaqué aux contrées lointaines, aux civilisations inconnues, en parcourant les mers du globe. Au fil des années et du développement des technologies, il a voulu aller plus haut, sur les sommets et dans l'espace, mais aussi plus profond, à travers des projets de plus en plus pharaoniques pour atteindre les abysses. Toutes ces aventures ont en commun de repousser les limites en établissant des records toujours plus spectaculaires. De nos jours, presque tout a déjà été découvert, d'où la nécessité de communiquer davantage sur un message utile que sur une démonstration de force ou de précision.

La grande différence avec les aventuriers d'antan, c'est que la sensation n'est pas au rendez-vous si le message n'est pas porteur et universel. Un peu comme si ce monde avait déjà fait mille fois le tour de lui-même et était en quête de sens plus que de sensations. Cela n'enlève rien aux exploits de ces précurseurs, puisque, sans leurs expéditions, leur dévouement, leur volonté de repousser leurs limites, la planète n'aurait certainement jamais dévoilé la grande majorité de ses mystères. Il faut quand même continuer à être surpris, émerveillé par la magie de la nature.

Ces femmes, ces hommes ont consacré leur vie à leur passion, sans se poser de questions. Sir Edmund Hillary fait partie des nombreux visages qui ont marqué mon esprit. Cet explorateur et philanthrope néo-zélandais décédé en janvier 2008 a atteint pour la première fois le sommet de l'Everest le 29 mai 1953 à 11 h 30. Un exploit réalisé avec son sherpa, Tenzing Norgay. Ils sont les premiers à en être redescendus vivants. Il faut imaginer l'équipement de l'époque, qui n'a strictement rien à voir avec celui utilisé aujourd'hui. Pour preuve, le record établi en octobre 2019 par l'alpiniste népalais Nirmal Purja, qui a gravi les quatorze sommets de plus de 8 000 mètres en seulement sept mois. Le précédent record était de sept ans, onze mois et quatorze jours. Incroyable, mais vrai !

Pour battre ces records d'un autre temps, il faut être pionnier dans sa catégorie. C'est le cas de la famille Piccard, avec en tête Auguste, le grand-père, auteur du premier vol stratosphérique en montgolfière. Le 27 mai 1931, il est le premier homme à voir la courbure de la Terre en homologuant le record du monde de la plus haute altitude franchie en ballon libre : 15 781 mètres. À noter que Hergé s'est largement inspiré de lui pour le personnage du professeur Tryphon Tournesol dans ses albums de *Tintin*. Le virus contamine rapidement toute la famille, puisque c'est ensuite le père qui s'aventure dans les fonds marins, tel Jules Verne dans son roman *Vingt mille lieues sous les mers*. En 1960, Jacques réussit une plongée historique à 10 916 mètres à bord de son bathyscaphe, le *Trieste*, dans la fosse des îles Mariannes, à l'est des Philippines, où il trouve de la vie. Enfin, le fils, Bertrand, marque les esprits en 2010 en réalisant pour la première fois un vol de nuit sans carburant à bord de son avion expérimental, *Solar Impulse*. Comment ne pas rêver devant cette saga familiale ? En moins de trente ans, les deux extrêmes ont été franchis. J'aurais définitivement aimé faire partie de ce genre d'aventures.

Lorsque j'étais enfant, un autre sujet me passionnait : les volcans. J'avais plusieurs livres sur un couple très inspirant, Katia et Maurice Krafft. Ces deux vulcanologues français, mari et femme, ont œuvré toute leur vie pour déchiffrer, documenter, analyser les phénomènes volcaniques afin de les faire comprendre au grand public. Leur dernière mission leur a été fatale : le 3 juin 1991, ils ont été emportés par une coulée pyroclastique sur le mont Unzen, au Japon. À mes yeux, ils incarnent l'archétype même de l'aventurier, celui qui, au péril de sa vie, va au bout de ses rêves. Voilà ce qui m'a donné envie de me lancer dans ce fabuleux défi qu'est le métier d'aventurier explorateur. Oser sans compter, foncer en prenant le temps d'observer pour transmettre, le tout en marchant dans les traces indélébiles laissées par ces guerriers des temps modernes. Comment ne pas respecter le chemin parcouru et comment ne pas vouloir le perpétuer ? Je ne vois aucune raison valable, seulement un désir, une volonté et surtout un respect pour tout ce patrimoine légué comme un trésor. Nous nous devons d'être à la hauteur de la tâche, même si la barre est haute et qu'il y a encore du pain sur la planche.

Les choix que nous faisons dans notre vie ne sont jamais le fruit du hasard. Nous sommes guidés par notre éducation, nos rencontres, mais aussi par notre for intérieur, nos intuitions, notre « petite voix » qui, un jour, on ne sait pas vraiment pourquoi, nous indique un autre chemin. Pour moi, c'est la lecture de ce fameux livre de Jamel Balhi trouvé dans une brocante qui a tout changé. Son aventure et son exemple m'ont touché au plus profond, au point de me faire sortir de ma zone de confort et de me pousser à devenir ce pour quoi j'étais réellement fait.

Croiser le chemin de vie de Jamel Balhi, à l'origine d'un déclic

Si j'ai toujours été attiré par toutes ces belles histoires d'aventuriers du passé, je suis aussi curieux de l'avenir. J'aime comprendre et aller de l'avant.

Certains disent que je suis un fonceur. Parfois même à mes dépens, car il m'arrive de me jeter à l'eau sans prendre le temps de réfléchir aux conséquences. Depuis cet électrochoc, cette bascule dans ma vie, j'ai appris à observer, à composer avec mon environnement, et surtout à ne rien lâcher. Et ce virage à 180 degrés, je le dois à un homme, à son histoire de vie et à son ouvrage, dévoré en une nuit. Son nom : Jamel Balhi.

Lorsque j'achète son livre *Au cœur des Amériques* dans cette « foire à tout » bretonne, je reste bouche bée devant les deux photos de la couverture : l'une le montre en train de courir à côté d'un grand truck américain, et l'autre avec les deux pieds qui ne touchent plus le sol. Ce qui m'interpelle, c'est que son équipement se limite à un short, un tee-shirt, des baskets et un sac à dos. Je me souviens de ma réaction comme si c'était hier : « Attends, le gars a traversé l'Amérique juste comme ça, en courant, avec trois fois rien ? » De prime abord, ça fait un peu Forrest Gump. C'est ce que je trouve extraordinaire et qui me bluffe sur le moment. Puis les questions viennent en nombre. Comment a-t-il fait pour se changer ? Comment a-t-il géré sa nourriture ? Et pourquoi a-t-il fait ça ? Et puis, forcément, en lisant le livre, j'en apprends davantage sur lui, sa vie et son déclic.

En 1987, il a 24 ans et il est déjà marathonien. Il aime courir. À la suite d'un pari avec un ami qui habite Shangaï, il décide de quitter Paris pour le rejoindre, mais en courant et sans assistance. La démarche me paraît si folle et si improbable que je ne peux qu'adhérer. C'est une approche nouvelle et une autre vision de l'aventure. Un détail qui force le respect. Je ne le sais pas encore vraiment, mais ce détail va changer ma vie. Une fois le livre terminé, je ne suis plus le même. Il me fait l'effet d'une claque monumentale ; je ne peux plus continuer à vivre comme je l'ai fait durant vingt-cinq ans. L'image de cet homme seul sur les routes américaines avec uniquement l'essentiel pour progresser chaque jour m'interpelle et me bouleverse. En lisant cette histoire hors du commun, je suis ramené à ces explorateurs d'un autre siècle qui osaient, tout simplement. Pas de superflu, pas de complexité, le strict nécessaire et se retrouver face à soi-même, rien de plus. Le concept me plaît et me convainc immédiatement. Tout cela survient à un moment où je dois me ressaisir et reprendre ma vie en main.

Après trois belles aventures et dix années d'expérience, je peux dire que Jamel et moi avons plusieurs points communs. Tout d'abord, le simple fait de se dépasser et de le faire en autonomie, au plus proche du terrain et de ceux que l'on croise, de se laisser guider par la vie et les rencontres, de se faire surprendre au quotidien. Ne pas chercher à tout contrôler, mais faire confiance à la nature, à l'univers, à la vie pour trouver son chemin. La phrase que je me répétais sans me lasser était : « Vivement demain ! » Comme l'a écrit Jack London, auteur américain dont le thème de prédilection était l'aventure : « Ce n'est pas la destination qui compte, c'est le voyage. » Une maxime qui s'est vérifiée à chacune de mes expéditions. Partir à la rencontre de visages, de communautés, de peuplades, de paysages, de lieux, voilà réellement la face en or de ce métier.

Depuis que je me suis lancé dans cette magnifique aventure qui définit mon existence aujourd'hui, je ne me suis jamais senti autant à ma place. Même si j'ai connu des moments éprouvants, difficiles, voire dangereux, ce choix m'a permis de m'épanouir pleinement tel que je suis et tel que je veux être. Je dois l'alignement parfait de mes planètes à cette rencontre virtuelle, à distance et par livre interposé. Je suis conscient de la chance que j'ai et du travail réalisé sur moi-même. Même si certains ne la comprennent pas, cette démarche me satisfait pleinement et m'apporte bonheur et joie. Impossible de faire marche arrière.

Jamel a une priorité qui lui tient à cœur : transmettre ses expériences. Pourquoi garder toute cette richesse accumulée, alors qu'il semble logique et utile de la partager avec ceux qui ne pourront peut-être jamais vivre de telles choses ? Cette notion de transmission a toujours fait partie de mes indispensables. J'ai la chance de parcourir le monde et d'aller constater par moi-même certaines réalités dont aucun média ne rend compte. Je me considère comme un témoin privilégié de notre époque, un transmetteur, un conteur moderne qui a pour mission de raconter ce qu'il a vécu. Tout comme Jamel, j'aime intervenir dans les écoles, les universités ou les entreprises. J'y partage mes ressentis, et parfois même mes déceptions quant à la manière dont la nature est malmenée par l'homme. Le message a beau être optimiste, il n'est pas question de mentir ni d'édulcorer la vérité pour ne pas choquer. Livré à moi-même dans le bush australien, dans les eaux du Mékong ou le long des côtes françaises, je suis avant tout un témoin vivant de ce qui m'entoure. Il me faut relater ce que je vis, ce que je vois et ce que je ressens en toute franchise et en toute sincérité. C'est aussi ma manière de respecter cette planète et ceux qui se battent pour la préserver.

Je sais aujourd'hui « à quoi je sers », et c'est en grande partie grâce à Jamel. Étonnant, puisque je ne l'ai jamais rencontré. Qui sait ? Cela aura peut-être lieu un jour, au détour d'une conférence ou, mieux, d'une aventure. Ce serait encore plus incroyable que notre rencontre se fasse sur notre terrain de jeu, quelque part dans le monde : deux hommes qui ont choisi de transpirer pour transmettre aux autres. L'univers nous enverra peut-être ça si l'on y croit très fort.

Partir à l'aventure, c'est accepter de quitter sa zone de confort, tant sur le plan matériel que psychologique et spirituel. Nous n'avons pas tous les mêmes us et coutumes, et c'est ce qui fait la richesse de notre planète. Quand on se rend dans un autre pays et qu'on foule d'autres terres, il faut s'attendre à être surpris. Inutile de lutter ou de vouloir imposer ses connaissances, ses habitudes. La meilleure manière de vivre le moment, c'est se laisser porter par les autres, par leurs énergies. Chaque fois que j'entreprends quelque chose, je suis dans cette démarche positive et inclusive. L'important pour moi, c'est de vivre l'instant présent tout en respectant l'autre.

Manger un piment entier en signe de respect de la culture en Asie

Même si ce genre d'anecdotes m'est arrivé à plusieurs reprises, et pas qu'en Asie, c'est certainement lors de ma descente du Mékong que j'ai vécu les moments les plus marquants. Émotionnellement et culinairement. Dans les pays asiatiques, le repas est le temps fort du quotidien pour partager et échanger. La nourriture fait partie intégrante de la culture, et recevoir un convive est un honneur. La moindre des choses est donc de respecter le protocole en vigueur. Ainsi, les femmes cuisinent et les hommes se mettent à table en premier, même si, en Occident, cela peut paraître macho. Pour l'avoir vécu à répétition, on se fait violence au début et puis, peu à peu, on comprend que ça fait partie de leur manière de vivre. À mes yeux, la meilleure école est d'apprendre à s'adapter par le biais du respect de l'autre.

L'autre leçon que j'ai apprise lors de mes périples, c'est que beaucoup de choses passent par l'humour, moyen par excellence de briser la glace et surtout de se faire accepter. J'ai toujours été un objet de curiosité en Asie. Du haut de mon 1,82 mètre, je suis loin d'être un géant, mais lorsque je sors de l'eau tout vêtu de noir, avec ma combinaison, mes palmes et mon hydrospeed, mes longs cheveux gras et ma barbe de plusieurs semaines, sans compter les effluves mélangés d'urine et de Néoprène, le contact peut être difficile à établir. En priorité, il faut gagner le respect des gens pour se faire accepter. Pour cela, il faut passer outre leur méfiance, d'où le fait d'opter pour le rire et la blague. Cela semble idiot, mais ça marche, et c'est universel.

L'une des traditions asiatiques à table, c'est la présence systématique de piments pour agrémenter les plats. C'est aussi un moyen très efficace pour tuer certaines bactéries. La viande ou le poisson ne sont pas forcément du jour, et les conditions de conservation laissent à désirer. Cet antiseptique naturel est donc bienvenu.

Ce jour-là, même si je sens que je vais me brûler les muqueuses buccales, je ne réfléchis pas : j'avale le piment entier pour gagner leur confiance, et aussi pour les remercier de m'accueillir. Je sais que ma réaction spontanée à la douleur les fera sourire et que c'est mon sésame pour être plus facilement accepté. Tandis que je mâchouille le piment, petit mais costaud, je me mets à pleurer toutes les larmes de mon corps, comme un réflexe. Je passe ainsi du pâle au rouge pompier, les cheveux dressés sur la tête tellement j'ai des frissons. Tout en riant aux éclats, mes hôtes me tendent des verres de lait pour m'aider à calmer mes crampes d'estomac. Plié en deux, je comprends que j'ai réussi à gagner leur respect. Instant douloureux, mais très fort en émotion et en partage.

À force, j'ai appris à me protéger, et surtout à préserver ma santé. Comment ? C'est simple : en devenant magicien. Je me rappelle une autre famille qui m'a accueilli autour de sa table. Rebelote : me voilà assis devant différents plats et, bien sûr, de jolis petits piments. Vient le moment où l'on me propose l'un de ces délicieux fruits diaboliques. Bien sûr, sans rechigner, je m'exécute, en prends un, le glisse délicatement dans ma bouche et commence à mâcher tout doucement. Là, mes hôtes d'un soir me regardent d'un air médusé, à l'affût de la moindre manifestation de douleur. Mais je n'ai aucune réaction. Mieux : je l'avale, et il ne se passe toujours rien. Pas une sueur froide, pas une larme, pas un frisson. En fait, mon subterfuge est bien rodé. Après avoir bu une petite gorgée de thé tout en tenant le piment dans ma main, je le glisse dans ma bouche et le cale avec ma langue entre la joue et la gencive, n'ayant plus qu'à simuler le masticage sans croquer dedans. Au moment de l'avaler, j'insiste bien sur la déglutition pour faire comprendre que je l'ai englouti. Comme il est entier, je m'épargne la douleur gastrique sur le moment, mais pas les douleurs digestives du lendemain. On ne peut pas gagner sur tous les tableaux.

En attendant, cette technique m'a permis plusieurs fois d'épater mon assistance et de forcer son respect. De plus, nous finissons par en rire, car en général je leur explique la supercherie au bout du quatrième piment. Le fait est que, en jouant la carte de la bonne humeur et de la proximité, on réussit toujours à se faire accepter et à apprendre des autres. Une chose est sûre : nous sommes tous de passage, encore plus lorsqu'on ne s'arrête que pour quelques minutes, quelques heures ou quelques jours. Nous ne faisons que passer sur cette planète et nous sommes des comètes dans la vie de ces personnes. Alors, pourquoi laisser une image désagréable, dédaigneuse, négative ? Autant profiter de chaque instant du mieux que l'on peut et laisser une belle trace dans leur vie. Quoi de mieux que le respect pour incarner cela ? À ce jour, je n'ai pas trouvé. Comme j'ai la chance de cultiver cette qualité depuis toutes ces années, elle est devenue inhérente à mon quotidien, à ce que je suis. Et j'en suis fier !

Depuis dix ans que j'ai décidé de vivre de ce métier, j'ai toujours fait en sorte de m'acclimater aux personnes rencontrées sur mon chemin. Par respect, bien sûr, et aussi par pure logique. Si l'on veut se faire accepter par l'autre, mieux vaut se caler sur sa fréquence et s'adapter à ce qu'il est. Un principe universel que j'ai compris au long de ces années, c'est qu'établir le contact avec les enfants ou avec les plus âgés est la porte d'entrée pour intégrer une famille, une communauté, un village. Cliché, me direz-vous, mais ça se vérifie. Autre point fondamental : la sincérité. Si l'on est mû par autre chose que par le cœur, ça ne fonctionne pas.

Passer du temps avec les enfants d'une communauté aborigène

Janvier 2012. Je suis en route pour rencontrer deux communautés aborigènes, celle de Kaltukatjara et celle de Mutitjulu, qui parlent la même langue, le pitjantjatjara. Je suis à la fois excité et tendu de faire la connaissance de ceux que je considère comme les héritiers du peuple originel de cette île-continent.

Après plusieurs heures de course, j'arrive dans la première communauté par une piste de terre battue. L'ambiance est très particulière. J'ai le sentiment d'être dans un décor de western. Tout est mort, désert. Je me demande où ils sont passés. Il faut dire que 50 °C au soleil, cela n'incite pas à traîner dehors. Je cherche âme qui vive pour signaler mon arrivée.

Lors d'un premier voyage en Australie en tant que touriste, j'avais été extrêmement déçu de ne croiser des Aborigènes que dans les villes. Cette fois, je voulais me donner la possibilité d'échanger avec eux dans leur environnement naturel, loin des mégalopoles et des complexes urbains. Malheureusement, la colonisation de l'Australie ne leur a pas fait que du bien. Même s'ils bénéficient d'avancées technologiques et sociales, beaucoup finissent sous l'emprise de l'alcool ou de la drogue. Cela m'a tellement choqué que j'ai voulu aller à la source et découvrir par moi-même si certains avaient réussi à préserver leur héritage ancestral.

Même s'ils sont isolés des spots urbanisés, les Aborigènes gardent les stigmates de la société de consommation. À l'entrée de la communauté, le premier bâtiment sur lequel je tombe est la supérette. Malheureusement, je me rends vite compte qu'elle est le centre névralgique du village. Tout le monde vit reclus dans sa maison et prend sa voiture pour aller faire ses courses à 300 mètres. Triste constat. Tandis que je parcours les rues, je croise quelques Aborigènes qui errent comme des zombies en me regardant du coin de l'œil. La méfiance se lit dans leur regard, et je sens le poids de la responsabilité des colons qui ont usé et abusé de ce peuple pacifique. C'est une méfiance que je n'ai pas connue en Asie, malgré les guerres et les conflits dont ces peuples ont aussi été victimes.

C'est en leur apprenant petit à petit que j'ai fait toute la route de Melbourne jusque chez eux en courant que j'arrive à gagner leur respect. Je ne suis pas là en conquérant. Bien au contraire, au début, je reste très en retrait et j'observe. Sans aller à leur rencontre, j'attends qu'eux viennent me voir. Nous sommes dans une période qui s'appelle le « Men's Business ». Les hommes sont partis pour se livrer aux rites initiatiques grâce auxquels les adolescents accèdent à l'âge adulte. Malheureusement, n'étant pas aborigène, je n'ai pas le droit d'y assister. Il ne reste que les enfants et les femmes. Cette situation m'arrange. Je n'ai qu'une seule ambition : me lier avec les plus jeunes pour me faire accepter par eux et attirer l'attention de leurs mères, qui sont au centre de la vie communautaire. Tous les jours, je passe du temps à jouer avec les gamins. Au programme, baignades, parties de foot et de rigolade, sans oublier la chasse, car ils sont fiers de me montrer comment ils attrapent les lézards. Ces moments de partage me permettent aussi de constater l'énorme fossé qui sépare cette jeunesse, abandonnée à elle-même en plein désert, de celle de chez nous, souvent blasée et déconnectée de la réalité. Le contraste est impressionnant.

À force de les côtoyer, j'apprends à connaître leur manière de vivre, leurs habitudes et leurs attentes. Et puis il y a toutes ces heures à crapahuter, escalader, gravir les reliefs proches de leur village, les Petermann Ranges, une chaîne de montagnes en forme de fer à cheval étendue sur 320 kilomètres entre l'Australie-Occidentale et le sud-ouest du Territoire du Nord. Le site est magnifique ; une fois en haut, on peut admirer la courbure de toute la chaîne. Là aussi, je suis stupéfait de voir avec quelle aisance ces enfants gambadent jusqu'au sommet, malgré la forte chaleur et l'absence de chaussures. Moi qui fais sans arrêt attention aux bestioles rampantes et aux cailloux tranchants qui jonchent le sol, je reste pantois devant leur dextérité et leur culot. J'ai encore pas mal de choses à apprendre.

Contrairement aux petits Occidentaux, les jeunes Aborigènes ne finissent pas forcément leur scolarité, et certains décident de quitter l'école sans aucun diplôme en poche. Beaucoup ont des difficultés pour trouver du travail et s'intégrer dans la société. Ils sont nombreux à rester dans la communauté, parce qu'ils n'ont connu qu'elle et qu'ils ont peur de voler de leurs propres ailes, sans compter tous ceux qui tombent dans la drogue ou finissent en prison. Le tableau semble sombre, mais c'est une réalité que l'on perçoit fortement quand on est sur place. Avec le temps, les Aborigènes perdent leur culture et l'héritage des générations passées. Ce constat me fait réfléchir, tant sur le gâchis ethnique que sur les avantages dont jouissent nos enfants sans même s'en rendre compte. Lors de mes conférences, je les invite à prendre conscience de la chance qu'ils ont de vivre ici, avec tout le confort et l'attention dont ils bénéficient, d'aller à l'école et d'apprendre dans les conditions qui sont les nôtres, sans avoir à se soucier du quotidien.

Si demain je demandais à des petits Français de vivre dans la rue et de se préparer quelque chose à manger tout seuls, je pense que l'immense majorité serait perdue et ne saurait pas survivre. En Australie, dans les communautés aborigènes, un enfant de 6 ou 7 ans sait attraper des lézards, les dépecer et allumer un feu pour faire cuire sa proie. C'est là que la notion de transmission prend tout son sens. Même si tout n'a pas résisté au temps, il reste quand même des traces indélébiles du passé, inscrites dans l'ADN de ceux qui furent les premiers humains à peupler la partie continentale de l'Australie. J'ai énormément de respect pour toute cette culture qui s'est transmise de génération en génération. Quand on prend le temps de les observer et de les écouter, on en ressort grandi et plus éveillé.

Tous ces moments passés auprès des enfants m'ont finalement permis d'approcher les femmes aborigènes, qui ont accepté d'échanger avec moi. Avec elles aussi, j'ai énormément appris. J'ai compris ce que signifient l'humilité, l'opiniâtreté, le courage, le dévouement, la protection. Ces notions paraissent basiques, primaires, mais elles prennent une tout autre dimension au contact de ces grands-mères, mères et épouses.

Parmi les choses qui m'ont marqué, il y a la simplicité de leurs manières de faire et d'être. Pour l'étranger qui débarque, tout est possible pour peu qu'il reste accessible et authentique. Tout semble fluide et facile, peut-être parce que les artifices n'existent pas. Le dépouillement matériel contribue à cette simplicité dans les échanges, les rencontres, les gestes. Je me souviens de ces moments passés à parler au coin du feu, chacun tentant de baragouiner quelques mots pour se faire comprendre. Ce sont certainement les plus beaux instants que je garde en mémoire.

Gagner la confiance des enfants et des femmes peut être chose simple, mais gagner celle des anciens est plus compliqué. On se heurte à une réticence plus grande, certainement due à leur rapport avec ceux qui les ont exploités sans respect ni vergogne pendant des décennies. Ma chance est que je sais me faire rapidement adopter par les enfants, comme je l'ai aussi constaté en Asie quelques années plus tard. Les enfants sont la clé, parce qu'ils n'ont aucune haine, aucune volonté de nuire. Un enfant ne peut être méchant, il est innocent et n'a qu'une seule idée en tête : jouer et partager. En réveillant mon âme enfantine, je n'ai pas de difficulté à bien m'entendre avec les enfants. Cet atout m'a sauvé la mise plus d'une fois dans ma vie d'aventurier explorateur.

On dit toujours qu'il y a des rencontres qui forcent le respect. C'est l'expression adéquate pour qualifier ma rencontre avec les bénévoles de la SNSM. L'eau est un élément que j'aime particulièrement, et même si je suis maître-nageur sauveteur en mer, je ne connaissais pas cette structure ni ceux qui la composent. Lors de ma troisième expédition, cette fois en France, j'ai pu non seulement apprendre à les connaître, mais aussi collaborer avec eux. Un souvenir marquant dans ma carrière.

Faire connaissance avec la SNSM, engagée dans mon tour de France à la nage

En 2014, alors que je clôture mon aventure sur le Mékong, une amie me parle de la SNSM. Plus le temps passe, plus je m'intéresse au fonctionnement de cette structure. À Châteauroux, je fais la connaissance de ses membres et ils m'expliquent leur mission. Motivé et déterminé, je décide alors de suivre les formations pour devenir nageur sauveteur en mer. Ça me permet d'avoir des diplômes en plus, de faire quelque chose de différent, au contact de l'eau. Ce que je trouve attirant dans cette histoire, c'est que je peux sauver des vies. D'un seul coup, tout semble revêtir un nouveau sens. Je peux être utile et me faire plaisir en même temps. Une fois mes diplômes en poche, je pars tout d'abord sur la Côte d'Azur, en 2016, puis, après avoir passé un autre diplôme, en Bretagne en 2017.

En 2018, je décide donc de me lancer dans le pari fou de faire le tour de France à la nage en longeant les côtes de Dunkerque à Monaco. En préparant cette expédition, je pense immédiatement à la SNSM comme partenaire. Le défi est difficile et je dois assurer mes arrières niveau sécurité. Le choix est vite fait : ce sont ces femmes et ces hommes entièrement dévoués que je veux à mes côtés, ou du moins à proximité, puisque je suis en semi-autonomie. Je garde en mémoire les missions de sauvetage ou de remorquage durant lesquelles je suis sorti avec eux en pleine mer. Les bénévoles consacrent leur temps et leur énergie à aller sauver des vies au péril de la leur. Je confirme : ils forcent le respect.

J'ai tendance à dire qu'ils sont des aventuriers malgré eux, puisqu'ils ne décident pas de l'être comme j'ai pu le faire. Ils sont passionnés par la mer, par le sauvetage. Ils se retrouvent dans des situations extrêmes qu'ils ne sont pas allés chercher. Ils ne choisissent ni le moment ni les conditions dans lesquelles ils se lancent en pleine mer, avec des creux parfois impressionnants. Ce qui compte, ce n'est pas leur confort, mais celui de ceux qu'ils viennent secourir. Les interventions peuvent être nombreuses, car cette association loi de 1901 communique avec tous les sémaphores de France et les cinq centres régionaux opérationnels de surveillance et de sauvetage métropolitains. Ils sont les gardiens non pas de la galaxie, mais des côtes françaises. Des volontaires dévoués et à l'écoute.

Sur le tour de France à la nage, je me souviens qu'ils ont été nombreux à venir spontanément à notre rencontre pour faire un bout de chemin avec nous et participer, à leur manière, à cette belle aventure. Je me rappelle aussi cette bienveillance singulière et leur volonté de prendre soin de ma personne. Leur spontanéité et leur ferveur à aider leur prochain, à le protéger, à le préserver de tout ce qui peut lui arriver de grave, les honorent. Parfois, c'est sur les derniers kilomètres qu'ils ont été présents pour m'encourager et vivre ce moment unique, comme une parenthèse enthousiasmante et enivrante, celle d'une arrivée triomphante, parce que synonyme de réussite, de défi relevé.

« Respect » est un mot fort et lourd de sens ; à mes yeux, c'est le seul de la langue française qui soit à la hauteur de leur engagement, de leur fidélité. Souvent, je compare leur travail à celui des membres du Peloton de gendarmerie de haute montagne, la principale différence étant le milieu dans lequel ils interviennent. Passionnés, ils ne savent pas vivre autrement, quitte à passer la majeure partie de leur vie en mer. Des fondus du grand large, quel qu'en soit le prix.

Si je me sens proche de ces personnes, c'est parce que j'ai compris une chose : elles sont capables de vivre leur passion à fond car elles ont un but. Impossible de se dépasser, de se surpasser, s'il n'existe pas de réponse claire et évidente à la question : « Pour quoi faire ? » C'est le point commun que je partage avec eux dans mes aventures. Au-delà de la passion et de l'engagement, il y a un autre aspect dont je me sens très proche : la fraternité cultivée au sein de l'association depuis sa création, il y a plus de cinquante ans. Dans les stations SNSM, les embarqués sont de vieux amis qui prennent le café ensemble, qui se retrouvent le dimanche matin pour discuter ou boire un coup avant de partir en mer. Certains sont là depuis quinze ou vingt ans et tiennent bon la barre. J'aime cette cohésion réelle, pas fabriquée, solide et sincère. Un état d'esprit qui est un ciment costaud, robuste, indestructible.

S'il y a bien une chose que j'ai apprise durant toutes ces années, c'est l'importance de se respecter soi-même. Nous sommes la première personne qui compte dans notre vie. Oui, le respect de soi-même est de loin l'aventure la plus passionnante que je vive chaque jour. Cette expédition intérieure n'a rien d'un long fleuve tranquille, pour reprendre le titre d'un film d'Étienne Chatiliez. Apprendre à se respecter exige certaines compétences que l'on n'apprend ni à l'école, ni à la maison. C'est sur le terrain, au quotidien, que ça se passe.

Se remémorer tous ces moments forts de respect de soi

Le respect est un sujet que j'aborde systématiquement dans mes conférences, dans mes tables rondes, mais aussi lors des stages de survie que j'organise. Je répète mon discours inlassablement, jusqu'à saouler mon auditoire peut-être. Mais je sais pertinemment que cette notion a changé ma vie du tout au tout. Elle est devenue ma vérité, ma boussole. Je ne fais rien et ne décide rien qui ne soit en accord parfait avec ma conscience, ma morale, ma petite voix. Si je ne le sens pas pour moi-même, comment pourrais-je affirmer que c'est bon ou bénéfique pour l'autre ? Je me mentirais, et mentirais donc à l'autre. Et si j'ai pu être ce genre de personnage, aujourd'hui, j'ai une amie fidèle et sincère qui ne me trahit jamais : ma glace.

Cela a pris du temps, mais grâce à mes aventures, j'ai gravi un à un les échelons du respect personnel, jusqu'à me rendre compte que c'est un essentiel, surtout lorsqu'on fait le métier que j'exerce. Comment être sûr de prendre la bonne décision si l'on se voile la face, si l'on se ment, si l'on ne s'écoute pas, c'est-à-dire si l'on ne se respecte pas ? En apprenant à mieux me connaître et en passant beaucoup de temps avec moi-même, j'ai réussi à me reconnecter à qui je suis réellement. Je suis parti de loin, et je suis fier aujourd'hui de pouvoir décrire le chemin parcouru. C'est certainement la plus belle de mes aventures.

Avant de me lancer dans ce défi humain, psychologique, spirituel même, j'étais un garçon nonchalant, je ne respectais ni les autres ni mon propre corps, ni mes engagements ni mes choix. Quand j'entamais un projet, je le faisais par-dessus la jambe. Je n'étais pas quelqu'un de fiable. Quant à mes convictions, elles étaient proches du néant. Mais si je suis capable de dire tout ça aujourd'hui, c'est parce que j'en ai pris conscience. Il m'a fallu quelques coups de pied au derrière pour comprendre, pour avoir le premier vrai déclic. Celui-ci a eu lieu lorsque je suis tombé par terre, comme une masse, pendant un service alors que je travaillais encore dans la restauration. À cette époque, je consommais pas mal de substances illicites et je me fichais complètement de ma santé. Je grillais la vie par les deux bouts et j'étais ce que certains appellent un véritable abruti. Lorsque je me suis relevé et que j'ai pris conscience de ce qui venait de se passer – tomber comme ça, sans aucun contrôle, sur mon lieu de travail –, je me suis rendu compte que je touchais le fond. Et je me souviens très bien de la petite phrase qui m'est venue à l'esprit à ce moment-là : « Ce serait bien que tu prennes soin de toi et que tu te respectes, Camus. Ce serait mieux, non ? » À cet instant précis, je me suis vu me regardant dans la glace sans rougir, sans avoir besoin de me cacher derrière quelque chose ou quelqu'un, juste en étant moi-même.

Toutes les valeurs que j'ai partagées ici font réellement partie de moi. Ce sont mes guides, mes fameuses balises Argos qui me permettent de trouver mon chemin dans la nuit. Audace, authenticité, engagement, motivation, partage et respect. Je suis tellement fier et heureux d'avoir trouvé cet équilibre, et surtout ma mission sur cette Terre. Choisir de devenir aventurier explorateur, en effet, ce n'est pas qu'un rêve de gamin ni un caprice pour être différent. Partir à l'autre bout du monde pour voir la réalité de ses propres yeux tout en risquant sa vie, cela a un coût. Et, parfois, ce coût peut être très élevé. Si l'on ne se respecte pas, il est impossible de le vivre pleinement et sereinement. Impossible.

Comme je l'ai déjà souligné à plusieurs reprises, partir à l'aventure signifie accepter de repousser ses limites. C'est aussi accepter d'apprendre de ses erreurs, accepter que l'on puisse se faire mal, accepter que cela ne se passe pas comme on l'a imaginé, accepter que l'on puisse ne pas revenir. Pour envisager tout cela, il faut être en parfait accord avec soi. C'est nécessaire, indispensable, vital, même.

Chaque fois que je rentre chez moi après plusieurs semaines ou plusieurs mois d'expédition, je me fais toujours la même réflexion. « Mais quelle chance j'ai de voyager, de rencontrer autant de monde, de visages ! Et surtout, quelle chance j'ai de vivre ici et maintenant, dans ce pays, cette maison, avec ceux que j'aime et qui m'aiment ! » Lorsqu'on a pris conscience de ce qu'est le respect de soi, alors on prend conscience de la beauté de la vie, de sa valeur, de sa rareté et de sa beauté. Plus je me le répète, plus j'ai envie d'aller loin et de repousser mes limites pour partir à la découverte de l'inconnu. Finalement, j'ai changé de drogue.

Celle-là est naturelle, licite et, surtout, excellente pour la santé. Elle s'appelle l'adrénaline.

Le respect de soi m'a beaucoup apporté dans mon quotidien, parce qu'il est comme une source enrichissante. Il permet de cultiver la bienveillance, la sincérité, l'écoute, le partage, l'empathie. Il donne envie d'aller vers les autres pour encore mieux se comprendre. En fait, c'est une habitude qui devient une évidence. Se respecter ouvre des portes : à chacun de partir à la découverte de sa vérité intérieure. Organiser une expédition, une aventure à l'autre bout du monde, devient presque à la portée de n'importe qui, puisque j'y suis arrivé. Mais à une condition : se connaître et se respecter.

Lorsqu'on a atteint ce niveau de perception de soi, alors on sait exactement ce que l'on veut et ce que l'on ne veut pas, ou plus. On agit en conséquence. En fait, la vie n'est pas si compliquée. Elle nécessite simplement un peu d'audace, d'espièglerie, beaucoup de volonté, d'assiduité, de rigueur, et une sacrée dose de détermination, d'intuition et de ressenti. Se respecter, s'écouter, s'aimer et croire en soi avant de croire dans les autres. Souvent, on dit que c'est égoïste de penser à soi, mais aujourd'hui je dirais que c'est la base, le socle. Ce n'est pas de l'égoïsme, c'est de l'estime de soi. Et qui me connaît mieux que moi-même ? C'est une folie, une hérésie, de s'imaginer que l'autre détient notre solution, notre clé, notre chemin. Cela reviendrait à dire que, lorsque je pars à l'aventure, je me laisse guider par quelqu'un qui n'est pas moi et qui saurait mieux que moi comment je dois faire pour m'en sortir.

Avec un peu de recul, cela semble surréaliste et plus risqué qu'autre chose.

On me demande fréquemment s'il m'arrive de pleurer lors de mes expéditions. Sans hésiter, je réponds par l'affirmative : « Bien sûr que je chiale, et souvent même comme un gamin. » Être aventurier ne veut pas dire être dénué de sensibilité. Bien au contraire. Il est fondamental d'être à l'écoute de ses émotions. Ce sont elles qui nous guident, nous montrent le chemin ; elles nous permettent de prendre des décisions. Réfléchir trop peut nous inhiber, et donc nous faire perdre de précieuses minutes, voire de précieuses secondes. Lorsque je pars pour relever un nouveau défi, je laisse s'exprimer mes émotions pour profiter encore plus de tout ce qui m'arrive. Comment partager avec l'autre si l'on passe son temps à tout calculer et à tout prévoir ? Il faut savoir s'abandonner pour s'offrir ces instants magiques et précieux que l'on a la chance de vivre. Et, pour y parvenir, il faut se faire confiance. Or comment se faire confiance si l'on ne se respecte pas ? C'est un peu comme sauter dans le vide. Au début, il y a la peur, et puis, une fois dans les airs, c'est l'un des plus beaux moments de notre vie. On se sent libre et maître de son destin.

L'engagement fait partie de mes motivations. M'engager est certainement la plus belle facette de ma vie. M'engager pour l'environnement, pour une association, pour des personnes que je ne connais même pas. Cela a toujours été mon carburant, mon moteur. Le jour où je me suis engagé à me respecter, ma vie a définitivement changé : j'ai cassé la marche arrière. Je suis devenu cette voiture un peu cabossée qui roule en direction du nord ou du sud et qui, coûte que coûte, atteindra sa destination. Mais tout au long de ce chemin je prends le temps d'observer, de profiter du paysage, des personnes que l'on met sur ma route, et je déguste chaque heure, chaque minute, chaque seconde de ce passage qui m'est offert. L'aventure n'est qu'un moyen de rendre la vie plus belle, plus lumineuse, plus joyeuse, plus utile et plus sensée.

Si je devais garder une valeur parmi toutes, ce serait le respect. Pour l'obtenir, il y a quelques règles simples à suivre. Tout d'abord, avoir de la mémoire. C'est primordial de se souvenir de ce que les autres ont fait et de pourquoi ils l'ont fait. Ensuite, apprendre à se connaître soi-même. Si l'on ne se connaît pas, comment connaître l'autre ? Quand on y réfléchit bien, c'est illusoire. Cela veut dire prendre soin de soi-même, s'accepter tel que l'on est. Selon moi, cela fait partie de la démarche. Cultiver la probité est aussi un élément important pour comprendre ce qu'est le respect. Comme on dit, n'est respecté que ce qui est respectable. Enfin, savoir dire merci. Ce petit mot de la langue française semble anodin, et pourtant, il est une clé à lui tout seul. Il est certainement le mot le plus puissant. Savoir dire merci pour ce que l'on est, pour ce que l'on a, c'est respecter la vie et ce qu'elle nous offre.

De fil en aiguille, le respect pourrait être la somme de toutes les valeurs précédemment évoquées et illustrées. L'audace, l'authenticité, l'engagement, la motivation et le partage ne sont que des expressions directes ou indirectes du respect. Tout cela ne fait qu'un, et c'est cette unité qui permet l'équilibre et la force. Une aventure qui ne nécessite ni argent ni moyens matériels, mais une volonté d'être soi, simplement soi. Comme le dit Stephan Schillinger, écrivain et thérapeute : « Le plus long voyage du monde mesure 50 centimètres. Il va de la tête au cœur. »

Ce périple de la vie, j'ai pris pour habitude de le comparer à la descente d'une rivière. Il y a des moments forts, des plats, des passages inattendus, des doutes, des rencontres et des situations de stress où l'on se pose cette question : « Mais qu'est-ce que je fiche ici ? »

La vie devient riche, car elle est parsemée de dangers et de rebonds. Il faut qu'elle soit intense, mais pas mortelle, folle, mais pas stupide. Tout comme dans une rivière, il faut regarder loin devant soi afin d'anticiper chaque obstacle, chaque section délicate, tout en vivant l'instant présent, ici et maintenant. C'est pour cela que j'ai besoin de vivre ces moments forts : pour me retrouver avec moi-même et me réaligner constamment. La solitude est devenue une amie, une nécessité. J'ai besoin de ces parenthèses volontaires et ponctuelles où le temps est suspendu pour faire le point et garder le cap.

C'est la meilleure façon d'appréhender mon passage sur cette Terre, de devenir « aventurier de la vie ». Et, normalement, les choses ne se passent... pas trop mal !

Mes gratitudes

À Cyril Lichan sans qui ce livre n'aurait jamais vu le jour !

À ma famille…

Merci à mes parents, Nicole Marchand, Georges Camus, et à ma sœur, Marlène Camus.

Merci à mon pépé, Lucien Marchand, qui n'est plus de ce monde, mais qui m'a transmis de belles valeurs.

Merci à Laura Galliano et Joa, ma conjointe et son fils, de me supporter au quotidien.

Merci à Raymonde et Robert Barbeau, Michel Barbeau, Françoise Barbeau, Lucie, Simon, Christian, André, Jean-Louis et Thierry Camus, Fred et Laurence Lacroix de soutenir votre neveu, cousin, petit-neveu, etc.

Merci à Lisette Ayala, mon ex-conjointe.

À mon passage en Angleterre…

Merci à Gary Nicholls de m'avoir donné cette impulsion de partir en Nouvelle-Zélande.

Merci à Romain Parmé, dit le « père Noël », et à Julien Bataille pour avoir été à mes côtés lors de mon passage en Angleterre.

Merci à David Kral et Sabrina Douai, mes deux partenaires de voyage au pays des Maoris.

À mes amis et copains d'enfance…

Merci à Nicolas et Max Migraine pour toutes ces années à user nos fonds de culotte sur les bancs des écoles.

Merci à Bastien et Loïc Debarge, et à Elvina Dousselain, dite « Mousse ».

Merci à Thomas Goulfer et à Émeline Saint-Paul pour avoir fait leurs armes avec moi à la « cuve ».

Merci à Cyril Landais d'être un mec en or.

Merci à Florian Odwa Etter, à Richard Valencin, à Sébastien Payet de m'accompagner en tant que coachs dans mes aventures.

Merci à mon ami Valentin Lam, vidéaste, de me suivre dans mes périples les plus fous.

Merci à Adrien Michaud d'avoir accepté de m'aider à organiser la première course d'obstacles du département du Cher.

Merci à Tanis Diana et Johann Audoux, dits « Poussin » et « Chaton ».

Merci à Tomek Kowalski, mort en réalisant l'ascension du Broad Peak en 2013.

Merci à Gosia Sobolewska.

Merci à Xavier, Francisco, Dimitri, Damien, Éléonore d'être de chouettes camarades de travail et amis.

Merci à Christopher Fichera, Simon Font, Jérôme Spennato (El fuego !).

Merci à Sonia, Johan Vernaton-Adang et les enfants.

Merci à Justine Padiolleau et Cécile Girard d'avoir été à mes côtés pour l'association Expédition terre inconnue.

Merci à Alexandre Baudoin qui m'a accompagné pour ma première conférence à l'INSA CVL.

Merci à Adrien Cavagna d'avoir été un parfait coéquipier pour la descente de la Loire en radeau !

Merci à Patrice et Helen Clot de Trash Spotter.

Aux personnes ayant contribué à mes explorations…

L'Australie en courant

Merci à Guy, Elizabeth et Aubrey Witcomb pour leur gentillesse et leur générosité.

Merci à Paul Parrotte pour son accueil au pays des kangourous.

Merci à Pomcobay, responsable de la communauté de Kaltukatjara.

Merci à Renee et Happy, de la communauté de Mutitjulu.

Merci à Angela Teasdale pour son aide précieuse dans le bush australien.

Merci à Kanetomo Hiroi.

Merci au conducteur du camion qui m'a offert mon plus beau cadeau de Noël dans le bush.

Merci à toutes les personnes rencontrées sur mon parcours de 5 400 kilomètres en Australie ; sans votre aide, jamais je n'aurais réussi ce pari fou.

Le Mékong en hydrospeed

Merci à Manon Luneau, Gaultier Lebegue, Tristan Guyard, et le club de nage d'Issoudun, mes compagnons de nage en eau vive.

Merci à Josh Galt et Yuri d'avoir immortalisé certains moments sur le Mékong.

Merci à Albin Roux et sa femme Hoan d'avoir été présents à Saigon.

Merci à Rémy Salmon de m'avoir aidé à concevoir mon hydrospeed.

Merci à tous les riverains qui bordent le Mékong pour leur sourire, leur bienveillance.

Le tour du littoral français à la nage

Merci à Audrey Bouchard, Marie Sauerwein, Nicolas Cros, Yann Lecorre, Éric Lesieur, Quentin Langanay, Blandine Dureau, Sylvain Maté, Nicolas Bastide, Samuel Aib, Laurent Ranucci, Gilles Saragoni, Laurence et Yvan Kopczynski, Alexandre Sardin, Marie-Véronique Lemoine, Émilie Dewilde, Karen Guiheneuf, Sylvain Mathe, Thibaut Séchet, Zélie Mutel, Stéphane Langevin, Jérémie Journaux, Géraldine Bourdillon, Lydia Benlamara, Ouamar Benlamara, Laurent Debesse, Stéphane Perrochon, Adrien Pasero, Kathleen Arnaud, Nathalie Plançon, Jonathan Girard, Sandrine Royant, Julien Reemers et tous les autres bénévoles pour leur temps et leur énergie lors du tour du littoral à la nage.

Merci à Laurent Guilbert de me remettre en état au quotidien.

Merci à Pascale Rivolta pour l'accueil à Èze.

Merci à Samuel Lebihan d'avoir été présent à Monaco.

Merci à Agnès Ravinet, Franck et Mathieu Galliano, Mickael Béal, Patricia Cauvin de m'avoir soutenu lors du tour du littoral français 2018.

Merci aux 23 000 personnes rencontrées sur le littoral français, à qui nous avons fait passer le message de préservation de notre écosystème si fragilisé.

Ensemble, nous avons nagé autour de la France !

La fine équipe du bush

Merci à Kévin Girard de Point voyage pour l'organisation de notre aventure australienne en 2019.

Merci à Rose, Philippe, Michael, François, Aurélien, Audrey, participants de la fine équipe du bush, ainsi qu'à tous les aborigènes qui nous ont accueillis à bras ouverts.

Merci à Aude et Gérard d'avoir accepté d'être ensablés vivants !

Aux aventures télévisées…

« Wild : la course de survie »

Merci à Thierry Guillaume de GTNCO, Stéphane Rotenberg, Hafida Guerziz, Christophe Bonet, Julia Tomasi, ainsi qu'aux participants de l'émission « Wild : la course de survie » : Philippe, Willy, Robin, Damien, Emmanuel, Dimitri et sa femme Alexandra (partie trop tôt), Samuel, Valérie, Laurence, Adrien, Samantha, Nicolas, Bruno, Vanessa, Laura et Éléonore.

« On vous embarque »

Merci à France 3-Centre-Val de Loire, à Emmanuel Delfarguiel, Pierre Blanchandin, Thomas Bouglé, Christophe Joly, Aurélie Vergne et toute l'équipe d'« On vous embarque », ainsi qu'à tous les figurants qui ont participé à l'émission.

À mes partenaires, sans qui rien ne serait possible…

Merci à Frank Huyghe de Ralf Tech d'avoir cru en moi depuis le début.

Merci à Laura Pedron de Snowleader.

Merci à Vincent et Nathalie Argillier de Nage libre.

Merci à Danielle et Édouard de Buyer-Mimeure de chez Wildsteer.

Merci à Julien Prouteau de Cascade Design.

Merci à Vincent Coquet de la marque Oris.

Merci à Sven Charnay de Amazonas.

Merci à Corinne Crouzet de Satavenue.

Merci à Valérie Laur de Compressport.

Merci à Carole Carpentier de Gestes propres.

Merci à Jérôme Solo d'Azimut nature.

Merci à la SNSM et à mon CFI de l'Indre.

Merci à Pascal Demerseman d'Akammak.

Merci à Antoine Boucher du Bon bag.

Merci à Agnès Jacquot du groupe Alma.

Merci à Éric Breier de la société Breier, la compagnie des palmes.

Merci à Guillaume Turbec d'Elvasport.

Merci à Stanislas Gruau d'Explora Project.

Merci à Robert Calcagno de l'Institut océanographique de Monaco.

Merci à Jérémie Chapon et Jessica Harrison, fondateurs de la marque Mako.

Merci à Nathalie Joubert de Katadyn.

Merci à Daniel Gobin de Matériels et services du Centre.

Merci à Renaud Gohin de HPA.

Merci à Dominique Soriot, l'ancien gérant de Scubaland.

Merci à Richard Wasiak de Trailfit.

À toutes les autres personnes que j'ai croisées sur mon chemin de vie…

Merci à Sophie Rouanet et Isaure Angleys des éditions Robert Laffont d'avoir cru en notre projet.

Merci à Son Altesse Sérénissime le prince Albert II de Monaco.

Merci à Cédric, Nicolas, Ivaanyh, Benjamin, Benoît, Flore, François, Juliette, Laura, Jean-François, Marine, Sébastien, Aymeric du TEDx Orléans.

Merci à Alain Payen et aux professeurs du collège Jean-Renoir.

Merci à Philippe Ferrer, aux enfants et à tous les bénévoles de l'association française du syndrome de Lowe.

Merci à Éléonore Lluna, Damien Lecouvey et Marc Mouret de m'avoir donné une chance en tant qu'instructeur de survie.

Merci à Pascale Golinski et Noëlle Liénasson, mes deux maîtresses à l'école primaire de Saint-Caprais.

Merci à Guy Lainé et Thierry Vinçon de la ville de Saint-Amand-Montrond.

À toutes celles et tous ceux que je n'ai pas cités, mais qui ont compté pour moi !

Enfin à toi, l'*explorateur* qui a lu ce livre !

Table des matières

Composition et mise en pages
Nord Compo à Villeneuve-d'Ascq

MIXTE
Papier issu de sources responsables
FSC® C003309

L'éditeur de cet ouvrage s'engage dans une démarche de certification FSC® qui contribue à la préservation des forêts pour les générations futures.

Pour en savoir plus :
www.editis.com/engagement-rse/

Achevé d'imprimer en février 2022
par Normandie Roto Impression s.a.s.
61250 Lonrai (Orne)
Dépôt légal : février 2022
N° d'édition : 63522/01 – N° d'impression : 2200165

Imprimé en France